KB089788

추천의 말

가장 한국적인 골프 이론서

우승섭씨의 「골프특강」이 스포츠서울에 연재되기 시작하자 많은 골퍼들이 신문사에 문의를 해 왔다. 주문도 갖가지여서, "그 난을 더 크게 할 수 없느냐" "그림을 컬러로 그려 줄 수 없느냐" "어떻게 하면 우승섭씨를 만날 수 있느냐" "우승섭씨를 개인적으로 초청하고 싶은데 방법이 없느냐" 대체로 이런 질문들이었다.

독자들이 왜 이렇게 관심을 보이는 것일까? 그 매력이 어디에 있는가를 여러 독자들을 통해 조사해 보았다.

결론은 우승섭씨의 「골프특강」은 가장 한국적인 골프가이드라는 데 있었다.

골프가 원래 서양에서 발생하여 거기서 발전되어온 스포츠이기 때문에, 이론도 자연히 서양 사람들의 체격이나 사고방식에 맞게 되어 있다.

그러나 두뇌로 골프를 치는 우승섭씨는 한국인의 체격과 한국인의 사고방식, 한국의 지형에 알맞는 골프 가이드를 한다.

이것이 우리나라 골퍼들에게 가슴에 와 닿는 것이 있었다.

나는 이러한 독자의 반응을 지켜보면서, 우리 독자들을 위해 영구 보존판의 가이드북을 만들어야 한다는 생각이 들었다.

그래서 우승섭씨에게 출판을 하도록 권유했다.

우승섭씨는 24년의 캐리어에 공식 핸디캡은 3이고, 베스트 스코어는 4 언더파이다.

69년 관악 컨트리클럽 챔피언십을 찾이한 이래, 70년 한양 컨트리클럽, 71, 75, 78년 안양 컨트리클럽 챔피언을 지냈다.

또한 일본 NHK가 펴낸 「베스트골프」를 번역해 우리나라에 소개하기도 했다.

우승섭씨는 명실공히 우리나라 정통 아마추어 골퍼의 정상이고 뛰어난 이론가이다.

그는 뛰어난 달변가이고 명문장을 구사하지만 한번도 자기 자랑을 하지 않는 겸손한 사람이다.

"나는 영원히 미완성의 골퍼이고 싶다"고 말하는 그의 골프 세계로, 골퍼 여러분을 안내하고 싶다.

스포츠서울 편집국장 이 상 우

우승섭골프특강   차 례

어드레스
Address

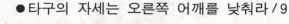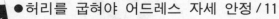

타구의 자세는 오른쪽 어깨를 낮춰라

그립을 제대로 잡을 수 있게 되면 그 다음 단계는 어드레스이다. 그립도 어드레스의 일부분이긴 하지만 어드레스 자세 여하에 따라 스윙이 결정되는 것인 만큼 바른 자세를 잡을 줄 알아야 하는 것은 물론이다. 어드레스란 공을 정확하게 맞힐 수 있는 기본자세이다.

어드레스 자세가 나쁘면 바른 스윙을 할 수 없다. 오죽하면 어드레스를 보고 핸디캡을 가늠할 수 있다고까지 하겠는가. 이때 나쁜 습관이 몸에 배면 그때부터 골프 행로는 고생줄에 들어선다는 것을 잊지 말기 바란다.

늘 보는 일이지만 아무래도 좋은 스윙을 할 것 같지 않은 타입의 골퍼가 많다. 그것은 어드레스 때 몸 오른쪽이 전체를 지배하고 있기 때문이다. 오른손으로 클럽을 강하게 잡게 되면 오른쪽 팔과 오른쪽 어깨가 왼쪽보다도 위로 올라가게 된다. 그렇게 되면 오른손잡이일 경우 백스윙 때 오른손과 오른쪽 팔로 클럽을 들어올릴 수밖에 없게 된다. 그 결과 어깨의 회전을 가로막고 다운스윙 때에는 싫어도 목표선 바깥쪽으로 클럽을 끌어내리게 된다.

어드레스의 바른 자세는 몸 오른쪽이 왼쪽보다도 아래로 내려가 있지 않으면 안된다. 오른손, 오른팔, 오른쪽 몸의 어느 부분도 군힘이 들어가 있지 않은, 그러면서도 좌반신의 컨트롤에 따라가는 감각을 갖지 않으면 안된다.

1

2

3

허리를 굽혀야 어드레스 자세 안정

어드레스에서 중요한 것은 스윙할 때 몸이 자연스럽게 돌아가고 팔, 손, 몸이 전부 한 덩어리가 돼서 클럽을 휘두를 수 있는 그런 자세가 돼야 한다. 이와 동시에 어드레스는 공을 맞히는 순간, 즉 임팩트를 전제로 한 자세가 되지 않으면 안된다는 것도 잊어서는 안된다.

골프 스윙이란 몸의 회전운동이다. 회전운동에는 회전축이 있어야 한다. 그래서 어드레스에서는 목에서부터 등을 지나 허리에 이르는 뼈와 근육이 회전축을 이룰 수 있는 자세가 되지 않으면 안된다. 이러한 전제하에 좋은 스윙폼을 만들기 위해서는 무엇보다도 바른 자세로 설 줄 알아야 한다. 바른 어드레스만이 빠른 스윙을 할 수 있기 때문이다.

그러면 어떻게 하면 바른 어드레스 자세가 되는 것일까.

첫째, 두 발을 어깨 넓이만큼 벌리고 곧바로 선 다음 정상적으로 그립을 잡고 그립 끝이 왼쪽 허리를 보도록 해서 앞으로 들어올린다. 이때 두 팔꿈치를 안으로 죄면서 왼팔은 자연스럽게 편다.

둘째, 어깨를 편 채 클럽헤드가 지면에 닿을 때까지 허리를 앞으로 굽힌다.

세째, 두 무릎을 약간 앞으로 굽힌다. 이상의 3단계를 밟으면 자동적으로 바른 어드레스 자세가 될 뿐만 아니라 체중이 발뒤꿈치와 엄지발가락 중간에 놓이게 되어 요지부동의 균형잡힌 체형을 이룰 수 있을 것이다.

그립과 몸의 간격 일정해야 스윙 안정

어드레스 때 두 손과 몸의 간격을 항상 일정한 거리로 유지하는 것은 매우 중요한 일이다. 클럽마다 그 간격이 틀리면 스윙은 안정되지 않는다. 예를 들면 드라이버와 웨지에서는 샤프트의 길이가 다른 만큼 공과 스탠스의 거리는 당연히 드라이버 쪽이 멀어진다. 그러나 그것은 샤프트가 길어서 그런 것뿐이지 손(그립)과 몸의 거리는 항상 같아야 한다는 말이다. 그렇다고 누구에게나 똑같은 거리를 유지하도록 강요할 수는 없는 일이다. 그것은 그립을 잡은 두 손과 몸의 거리는 편안하게 스윙할 수 있으면서도 가장 힘을 많이 받을 수 있는 거리를 유지하는 것이 이상적이기 때문이다. 그렇기 때문에 각자의 체형의 특성에 맞는 거리를 본인 스스로가 알아서 정해야 한다. 즉 몸의 어느 부분도 스윙을 저해해서는 안된다는 말이다.

여성 골퍼에게는 또 다른 특유의 문제가 있다. 앞가슴이 튀어나와 있기 때문에 자유로운 스윙에 제약을 받게 되고, 특히 어드레스 때 두 손을 너무 몸 가까이 붙이게 되면 더욱더 스윙은 어려워진다. 이런 불편함을 피하기 위해서는 먼저 클럽을 잡은 두 팔을 어깨 높이만큼 들어올린 다음 무릎을 가볍게 굽히고 클럽이 땅에 닿을 때까지 허리를 앞으로 숙인다. 이것으로 스윙에 방해물이 없는 완전한 어드레스 자세가 되는 것이다. 유달리 배가 많이 나온 사람도 예외는 아니다.

공격적인 타구 자세가 파워를 낳는다

　모처럼 자기 몸에 맞는 스탠스가 정해졌어도 이리저리 남의 충고를 따르면서 어드레스를 하게 되면 자신에 맞는 어드레스 감각을 잡기란 어려워진다. 어드레스란 몸 정면에서 공을 맞히기 위한 자세이다. 어디까지나 공을 가장 쉽게 때릴 수 있는 자세라야 한다. 그런데 그 감각은 자기만이 느낄 수 있는 것이다. 다만 외형상으로도 소극적인 자세가 아니라 적극적인 자세가 바람직하다.

　어떤 종류의 운동선수라도 그들은 결정적인 동작을 하기 전에 매우 공격적인 자세를 하고 있음을 우리는 안다. 항상 체중이 실려 있는 두 다리에는 여유가 있으면서도 힘 있고 탄력성 있는 자세로 대기 상태에 들어간다.

　골퍼의 경우도 이런 자세가 스윙 때의 두 다리의 협력을 촉진하고 파워와 거리를 만들어내는 주된 요소가 되는 것이다. 어드레스 때 두 다리에 아무런 활력이 없고 무기력하게 굳어 있는 채 스윙을 하게 되면 두 팔과 상체에만 의존하게 되어 파워는 극도로 떨어지게 될 것이다.

　백스윙에 들어가기 전에 스윙 파워를 늘리기 위해 두 발의 엄지발가락을 살짝 눌러주는 것도 좋은 방법이다. 물론 이때 양쪽 발뒤꿈치는 올라가지 않지만 뒤꿈치 쪽에 체중이나 압박감이 남지 않도록 해야 한다. 그러면 두 다리는 자연스럽게 움직일 수 있어서 타구도 살아나는 것을 기대할 수 있을 것이다.

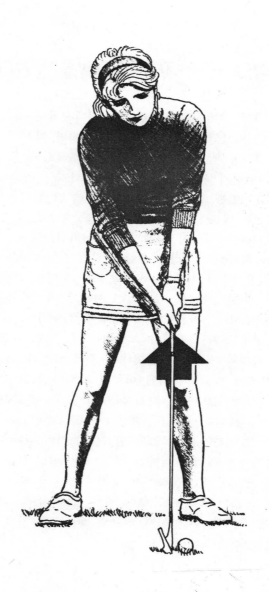

왼팔과 샤프트가 직선을 이루게 하라

골프 스윙은 단순할수록 좋다는 말을 기억할 것이다. 또한 골프 스윙의 모든 동작은 공을 정확하게 맞히기 위한 최종 목적인 임팩트를 충족시키는 예비 동작이란 것도 다시 한번 기억하고 넘어가자. 그래서 자칫 소홀하게 생각하기 쉬운 어드레스의 중요성을 되새겨본다.

흔히 임팩트는 어드레스 때의 자세와 같아야 한다고 한다. 이 말은 어드레스 때 임팩트의 자세를 만들어 놓으라는 말과 같은 말이다. 즉 어드레스 때에 왼쪽 어깨, 그립, 클럽페이스가 일직선상에 놓이도록 하면 공을 정확하게 맞힐 수 있는 임팩트를 맞이할 수가 있다는 것이다.

특히 아이언샷에서의 어드레스는 그립을 잡은 왼손이 반드시 왼쪽 무릎 위에 놓여 있는가를 확인하도록 하라. 즉 왼팔과 샤프트가 직선을 이뤄서 한 덩어리가 되어 움직일 수 있어야 한다. 그러면 스윙에 필요한 3요소를 충족시켜 줄 것이다. 즉 ① 백스윙 때 어깨를 완전히 돌릴 수가 있어서 크고 흔들리지 않는 스윙아크를 만들어낼 수가 있고, ② 그립을 잡은 두 손이 정확하게 클럽헤드 정면에 놓여 있기 때문에 다운스윙 때 좌반신으로 리드하기가 쉬우며 클럽헤드의 스피드를 증가시키고, ③ 스윙 궤도를 일정하게 유지함으로써 방향이 정확해지기 때문이다. 이렇게 해서 스윙을 기계처럼 자동적으로, 무의식적으로 할 수 있는 기틀을 만들자.

두 무릎 굽혀야 거리 방향 정확

공을 날라주는 절대적인 역할은 무릎의 힘이란 것을 언젠가는 알게 될 것이다. 즉 얼마만큼 무릎을 잘 쓰는가에 따라 거리도 방향도 결정되는 것이다. 이토록 무릎의 역할이 골프 스윙의 중요한 요소 중의 하나이다. 즉 어드레스 때의 두 무릎은 유연하면서도 탄력성 있는 자세가 되지 않으면 안된다.

상대방 얼굴을 향해 강한 펀치를 날리려 할 때의 권투선수의 스탠스는 어떤 모양을 하고 있겠는가를 상상해 보자. 틀림없이 두 무릎을 약간 굽히고 두 발을 힘껏 받치고 서서 재빠르게 움직일 수 있도록 몸을 낮춘 자세를 하고 있을 것이다.

골프샷에서의 어드레스도 이와 마찬가지의 자세가 되지 않으면 안된다. 그런데 초심자 가운데는, 아니 경험어 많은 아마추어 골퍼 중에서도 엉거주춤 곧은 자세로 서 있는 것을 볼 수 있다. 이런 자세로는 적극적이고 공격적인 골프샷을 기대하기는 어렵다. 어드레스 때 몸을 낮추면 다운스윙 때 일어나지 않을까 하고 걱정이 앞설 것이다. 그러나 실제로 그런 일은 일어나지 않으니 안심해도 좋다. 두 무릎을 굽혀서 몸을 낮추고 등을 곧게 세우면 샷은 흔들리지 않고 다운스윙에서는 탄력 있는 무릎의 움직임이 하반신의 체중 이동을 촉진시켜 비로소 파워 있는 타구를 얻게 되는 것이다. 어드레스 때 무릎을 적당히 굽히는 것은 키가 크고 작고간에 누구에게나 필요한 것이며 이와 같은 파이팅 스탠스가 굿샷을 만들어내는 열쇠가 되는 것이다.

어드레스 때 체중은 왼발 안쪽에

지금까지 어드레스는 ① 스탠스의 폭은 체구에 맞게 벌려서 자연스럽게 서야 하고, ② 클럽헤드는 목표선과 직각이 되게 놓아야 하고, ③ 왼쪽 어깨와 그립과 샤프트는 일직선상에 있어야 한다고 했다.

여기에 한 가지 더 덧붙일 것은 어드레스에서 체중은 왼쪽발 안쪽에 놓으라는 것이다. 이게 웬말인가. 체중을 왼발에 놓으라니. 일반적으로 알고 있기로는 좌우 반반 아니면 좌우 40대 60의 비율이 아니었던가.

흔들리지 않는 스윙이란 사람의 몸이 기계처럼 움직일 수만 있다면야 걱정할 것은 하나도 없을 것이다.

일반적으로 체중은 백스윙 때에는 오른쪽으로, 다운스윙 때에는 왼쪽으로 이동시키고 있다. 이것은 체중 이동의 폭이 클수록 장타를 날릴 수 있다는 원리에서이다.

그러나 실제로는 좀처럼 다운스윙 때 체중을 왼쪽으로 이동하기란 쉽지가 않다. 톱스윙에서 오른쪽에 치우친 체중은 다운스윙 때에도 오른쪽에 남아 있게 된다. 그래서 처음부터 체중을 왼쪽에 놓고 어드레스를 하면 될 것이라는 새로운 이론 하나가 또 탄생하기에 이른 것이다. 이때 체중은 왼쪽 어깨 왼쪽 무릎과 왼발 안쪽을 연결하는 직선상에 놓이도록 하라. 공이 바로 가지 않는 골퍼라면 어차피 내친 걸음이니 한번쯤 시도해 볼 만한 이론임에 틀림이 없다.

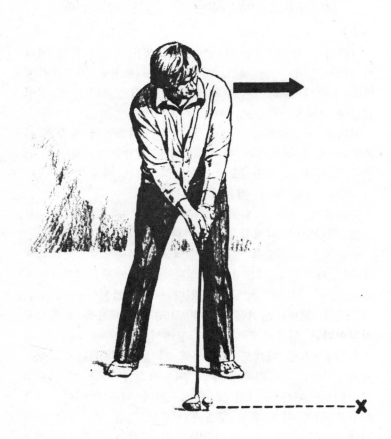

타구 앞서 목표 지점 선정이 중요

골프는 공을 멀리 날리는 것도 중요하지만 더욱더 중요한 것은 방향이다. 아무리 거리가 많이 나간다고 해도 OB나 숲속으로 날아간다면 무슨 소용이 있겠는가. 슬라이스가 아니라 처음부터 오른쪽으로 밀어내는 경향이 있는 골퍼는 다시 한번 목표선을 확인하도록 하자.

목표선을 선정할 때 양 어깨의 연장선이 목표물과 일치해서는 안된다. 두 어깨는 목표선과 평행이 돼야 한다.

유명 프로의 어드레스를 보면 얼마만큼 목표선을 설정하는 데 신중한가를 알 수가 있다. 그 대표적인 예로 잭 니클로스의 목표선 설정 과정을 살펴보기로 하자.

공 뒤에 서서 처음은 멀리, 다음은 중간 지점을, 세번째는 공 바로 앞에 시선을 보낸다. 구체적으로 말하면 먼저 목표(공이 떨어질 장소)를 정한다. 다음은 공과 목표 사이의 중간 지점에 시선을 떨군다. 마지막이 공 바로 앞 1m 지점이다.

이렇게 해서 목표선은 그어진다. 그 다음은 이 선만을 머리 속에 새기고 실제로 타구 때의 목표는 공 앞 1m 지점에 정해 놓은 목표물이다.

이런 식으로 목표선을 확인하면 어드레스는 만점이다. 이것이 니클로스뿐 아니라 모든 유명 프로들의 어드레스요 숨은 기술이다.

목표선을 정확하게 설정하는 것은 티샷에서부터 퍼팅에 이르기까지 모든 골프샷에서 빼놓을 수 없는 필수적인 과정이고 중요한 요소이다.

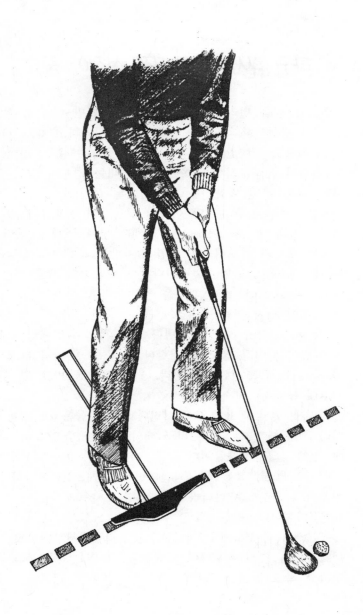

목표선의 설정은 자로 잰 듯이

파3의 숏홀에서 그린에 올라가면 뒤 팀에게 사인을 한다. 이것은 아마추어 골프에서는 흔히 있는 플레이 진행 방법이다. 이때 시험삼아 핀 뒤로 물러서서 뒤 팀의 타구 자세를 바라보자. 대개의 골퍼가 등을 핀 쪽으로 돌리고 있을 것이다. 이것이 아마추어 골퍼에게 가장 많은 잘못된 자세이다. 왼쪽 어깨로 목표를 맞추고 있으니 자연히 목표 오른쪽을 보고 어드레스를 하고 있는 결과가 되는 것이다. 이렇게 처음부터 목표 설정을 잘못하면 공이 목표 쪽으로 날아가지 않는 것은 당연한 일이다. 더욱이 이런 잘못된 자세는 슬라이스나 훅의 원인이 되기도 한다.

이렇듯 목표선을 정확하게 설정하지 않는 한 흔들리지 않는 스윙을 진정시키거나 기대하는 것은 절대로 불가능한 일이다. 직각과 평행선만이 초보자들이 꼭 지켜야 할 스탠스요 어드레스 자세이다.

어드레스 때 스탠스의 방향을 바로잡는 방법으로 설계사들이 사용하는 T자를 상상해 보는 것도 하나의 요령일 것이다. 즉 어드레스 때 오른쪽 발을 T자의 수직부와 일치시켜서 목표선과 직각이 되게 하고 두 발은 목표선과 평행이 되도록 하는 요령을 얻기 위한 방법이다.

정상적인 어드레스 자세에서 왼발 끝을 약간 밖으로 벌리게 되는데 두 발이 목표선과 평행이 돼야 하는 기준은 발끝이 아니라 뒤꿈치의 연결선이 기준선이라는 것도 잊지 말기 바란다.

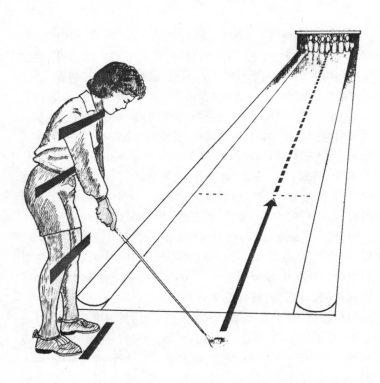

공 앞 1m쯤에 중간 목표를 찾도록

목표선을 확인하는 과정에서 중요한 것은 정상적인 어드레스 자세에서, 즉 약간 등을 숙인 채 얼굴만 돌려서 목표를 확인해야 하는 것이다. 그런데 허리를 펴고 얼굴을 들어올린 상태에서 목표를 확인하는 초심자들이 많다. 그래서 목표선을 정확하게 설정하지 못하고 어긋나게 된다.

얼굴을 들어서 목표를 바라본 후 어드레스 자세로 들어가면 목표가 오른쪽으로 이동하는 것처럼 느껴진다. 그러면 다시 오른쪽으로 몸을 틀게 되고 결과적으로는 목표 오른쪽을 보고 어드레스를 하게 되는 미스를 낳게 한다.

이런 착각을 없애기 위해서도 중간 목표 설정은 꼭 필요한 것이라 하겠다.

골프샷은 허리와 어깨의 방향에 따라 공이 날아간다. 즉 어드레스 때 허리와 어깨의 방향이 바르게 정해지면 공은 겨냥한 곳으로 날아가게 되는 것이다.

이 원리를 살리기 위해서 볼링의 스폿 조준법을 이용하면 볼링을 즐기는 골퍼에게는 큰 도움이 될 것이다. 즉 공 앞 목표선 1m 지점에 중간 목표물을 찾아서 공이 그 지점 위를 지나간다고 생각하라.

이것은 마치 볼링에서 레인 위의 스폿을 겨냥해서 굴리는 것과 같은 원리이다.

허리와 어깨, 무릎의 선이 중간 목표선과 평행이 되게 어드레스 자세를 잡는다. 이것은 멀리 보이는 목표보다는 가까운 목표에 방향을 맞추는 것이 훨씬 정확하다는 이치에서이다.

스탠스는 자기 몸에 맞는 폭이 표준

골프를 배우는 과정에서 손으로만 때린다고 지적받은 초심자가 많을 것이다. 그런데 몸을 더 써야 한다고 지적받은 아마추어 골퍼는 더욱더 많을 것이다. 그러나 어떻게 하면 몸을 쓸 수가 있는 것인지 자신 있게 말해 주는 사람은 별로 없다.

골프 스윙은 몸의 회전 운동이 기반이다. 즉 몸의 회전에서 생기는 힘이 팔을 통해 클럽으로 전달되고 클럽헤드에 의해 공을 맞게 된다. 이 몸의 회전 운동을 받쳐 주는 토대가 되는 것이 스탠스이다.

토대(스탠스)가 안정돼 있으면 회전에 무리가 따르지 않는다. 그러나 안정만을 생각해서 스탠스를 넓게 잡으면 회전 그 자체가 불편해진다. 즉 몸을 돌리기가 어려워진다는 말이다.

스탠스가 넓은 프로들은 그만큼 하체의 힘이 강해서 회전도 충분히 할 수 있지만 우리가 쉽게 흉내낼 것은 못 된다.

일반적으로 스탠스의 폭은 자기의 어깨 넓이가 이상적이라고 하지만 근거가 있는 말은 아니다. 스탠스의 폭은 각자의 체형이나 그날의 컨디션에 따라 달라진다. 다만 가장 편하게 저항감 없이 스윙할 수 있으면 그것이 바로 자기 몸에 맞는 스탠스의 폭이다. 스탠스의 폭이 좁으면 몸의 회전이 편해지기 때문에 일반 아마추어 골퍼에게는 차라리 넓은 것보다는 좁은 쪽을 권하고 싶다.

클럽페이스 방향에 몸을 맞춰라

어드레스는 스윙의 기초를 만들어 주는 기본 자세이다. 그래서 그런지 어떤 골퍼도 어드레스에서는 매우 신중하다. 지극히 당연하고 바람직한 일이다. 공의 위치에서부터 그립, 스탠스 등을 점검하고 천천히 스윙 자세에 들어간다. 그런데 이때 아마추어 골퍼가 잊어버리기 쉬운 것이 하나 있다. 그것은 목표선을 설정하는 일이다.

대개의 아마추어 골퍼는 그저 막연하게 "저쪽으로 때려야지" 하고 어드레스를 하게 된다. 그리고는 발을 벌려서 스탠스를 잡고 클럽페이스를 공에 맞춘다. 잘못은 여기서 일어난다.

몸의 방향을 바로 정하기 위해서는 먼저 클럽헤드를 바른 위치(목표선과 직각)에 놓고 나서 그 클럽페이스의 방향에 몸을 맞추는 것이 바람직한 어드레스의 순서이다. 공 뒤에 클럽헤드를 놓을 때 클럽페이스가 목표선과 직각이 되도록 맞추면 절대로 방향이 틀리는 일은 없을 것이다.

클럽헤드의 방향이 결정되면 오른발의 위치를 정하고 왼발을 왼쪽으로 옮기면서 스탠스를 조절한다.

이 싯점에서 다시 한번 목표를 점검한 다음 필요하면 클럽페이스의 방향도 약간은 조절해도 좋다. 이렇게 해서 모든 것이 스퀘어가 되면 어드레스 자세는 완벽해지는 것이다.

스탠스를 잡기 위해 발을 움직일 때 클럽헤드도 따라 움직여서는 안된다는 것을 잊지 말기 바란다.

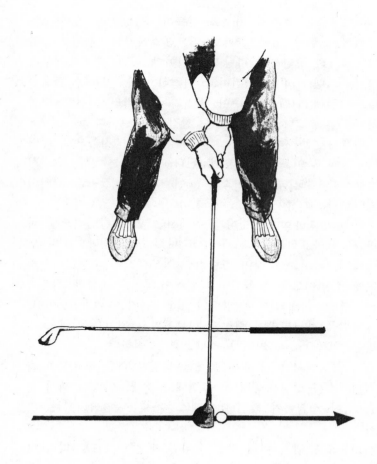

목표선과 평행으로 서는 연습을

　페어웨이를 거의 벗어나는 일이 없는 안정된 샷으로 유
명한 미국의 프로골퍼 칼빈 피트는 우선 공 뒤에 서서 공
과 목표의 라인을 확인하는 것부터 어드레스는 시작된다.
라인이 정해지면 목표선상의 공 앞 1m 지점에 작은 목표
물을 찾아낸다. 마치 볼링의 스폿을 찾는 요령과 같다. 이
것으로써 목표선은 명확해진다. 그 다음부터가 어드레스이
다. 이렇게 설정한 목표선에 직각으로 클럽페이스를 맞춘
다. 좀더 정확하게 말하면 클럽페이스 밑부분의 선을 목표
선과 직각이 되게 맞춘다. 다음은 클럽헤드를 고정시킨 채
두 발끝이 목표선과 평행이 되게 놓고 어드레스를 한다.
여기서부터 발을 조금씩 움직이면서 드디어 가장 편한 자
세에 이르게 된다. 골퍼라면 누구나 방향을 잡을 때 잘못
된 것을 알아채고 이것을 바른 자세로 고쳐 잡을 줄 아는
능력이 있어야 한다. 이 능력은 기계적으로 작동하는 몸에
밴 습관에 의해서만 가능하다. 그래서 평상시에 공에 대해
서는 평행으로 설 줄 아는 훈련이 필요한 것이다.
　보조 클럽을 이용하거나 연습장의 매트에 그어진 줄을
이용하면 어렵지 않게 바른 자세를 잡을 수가 있을 것이
다. 이 스퀘어 스탠스는 공을 목표선상으로 정확하게 날려
보낼 수 있는 스윙을 할 수 있게 하기 때문이다.

왼팔 팔꿈치 안쪽이 몸 정면을 향하게

왼팔을 편 채 왼팔 주도형의 스윙을 한다. 이렇게 하면 공을 정확하게 맞히는 확률이 높아지는 것은 이론적으로 쉽게 이해할 수가 있다. 그러나 이것은 어느 정도 경험을 쌓은 중견 골퍼에게나 해당되는 말이다. 이제 막 골프를 시작한 초심자들은 좀처럼 왼팔을 편 채 클럽을 들어올렸다 끌어내리는 동작이란 생각만큼 쉽게 되는 것은 아니다.

어드레스 때 왼팔을 펴기는 쉽다. 그러나 테이크백, 톱스윙, 다운스윙……이렇게 스윙하는 과정에서 어디선가 왼팔 팔꿈치는 꺾이게 된다. 특히 톱스윙 직전에 꺾이는 것이 초심자들의 공통된 결점이다. 어드레스 때 펴졌던 왼팔이 스윙하는 동안에 굽지 않도록 하기 위해서는 왼팔 팔꿈치 안쪽이 몸 정면을 바라보도록 그립을 잡으면 된다. 즉 정상적인 스퀘어그립을 하게 되면 된다는 말이다.

스퀘어그립은 테이크백 때 왼팔을 펴기가 쉬운 반면 팔꿈치가 몸 바깥 목표 쪽을 보게 되는 (훅그립) 자세에서는 백스윙 때 왼팔이 꺾이게 된다. 그것은 왼팔의 관절이 꺾이기 쉬운 오른쪽으로 움직이기 때문이다. 그러나 팔꿈치 안쪽이 위로 향한 어드레스에서는 백스윙 때 팔을 오른쪽으로 움직이고 관절이 꺾이는 방향은 위를 보고 있기 때문에 별로 의식하지 않아도 왼팔은 굽지 않고 펴진 상태를 유지할 수가 있다. 그래서 초심자의 백스윙은 스퀘어그립에서 출발하는 것이 이상적이라 하겠다.

골프는 에티켓과 룰의 스포츠

인간은 역사를 창조한다고 한다. 그런데 골프는 사람을 사람답게 만드는 스포츠이다. 골프는 우리 인생살이에 많은 교훈을 준다. 보비 존스는 "이긴 시합에서보다는 오히려 진 시합에서 많은 것을 배웠다."고 했다. 참으로 '실패는 성공의 어머니'라는 교훈을 실감케 하는 골프의 명언이다.

심판이나 감시 제도가 있는 것도 아니고 오직 플레이어 자신의 자주적인 행동과 규율에 의해서 게임이 운영되면서도 에티켓과 룰을 신성시하는 스포츠이기 때문이다.

특히 골프 규칙은 골퍼는 절대로 부정을 저지르지 않는다는 성선설에 입각해서 만들어진 것이어서 플레이어 자신에게는 막중한 책임과 의무가 뒤따른다.

이토록 골프는 기본 이념인 에티켓과 룰에 충실함으로써 자주적으로 질서가 유지되는 유일한 게임이다.

또한 골프는 남을 괴롭히거나 방해하지 않으며 방해받지도 않는다. 기술면에서는 큰 것(풀샷)과 마찬가지로 작은 것(컨트롤샷)도 다룰 줄 알아야 한다. 더욱이 골프는 나이스샷만 있는 것은 아니다.

OB, 분실구, 러프, 해저드, 벙커, 날씨 등 많은 역경 속에서도 결코 낙담하거나 포기해서는 안된다. 부딪친 상황에서 언제나 자기 분수(핸디캡)에 맞게 최선을 다해야 하는 자신만의 게임이기도 하다.

골프와 같은 인생──누구나 바라는, 그러면서도 노력하는 인생을 살자. 어제까지의 미스샷은 웃어넘기자. 그리고 내일의 굿샷에 희망을 걸자. 우리 모두 홀인원의 꿈을 키우자.

그 립

Grip

정확한 샷의 기본은 스퀘어그립이다

골프를 배울 때 제일 먼저 부닥치는 고민이 그립이다. 자기에게 적합한 그립은 바로 이것이다 하고 확정될 때까지는 꽤 많은 시간이 걸린다. 그립은 임팩트 때 클럽페이스가 정확하게 공을 맞힐 수 있는가를 결정짓는 기본 요소이다.

그립은 무엇보다도 좌우 균등하게 균형잡힌 스퀘어그립이 이상적이라고 말하여진다. 그런데 아무리 스퀘어그립이 좋다고는 하지만 사람에 따라 손가락의 굵기, 길이, 또는 손바닥의 두께가 다르다 보면 자기만이 느끼는 미묘한 감각은 각각 다를 수밖에 없다. 그래서 구체적으로 스퀘어그립의 기준과 요령을 살펴보기로 하자.

클럽페이스가 목표 쪽으로 똑바로 향하도록 하는 최선의 방법은 그립을 잡을 때 두 손이 서로 마주 바라보도록 그립을 잡는 것이다. 그 순서는 다음과 같다. 먼저 서로 마주 붙인 손바닥 사이에 클럽의 그립(shaft)을 끼우고 서로 마주보는 선이 클럽페이스의 방향과 일치했을 때 그대로 오른손을 아래로 내리면서 그립이 놀지 않도록 잡는다. 이것이 스퀘어그립이다.

때로는 초심자에게는 두 손을 약간 샤프트 오른쪽으로 틀어잡는 스트롱그립이 필요할지도 모른다. 그것은 초보자에게 흔히 있는 슬라이스 습성을 고쳐주기 때문이다. 그러나 스트롱그립을 하는 때에도 두 손이 맞닿은 선이 평행을 유지하지 않으면 안된다.

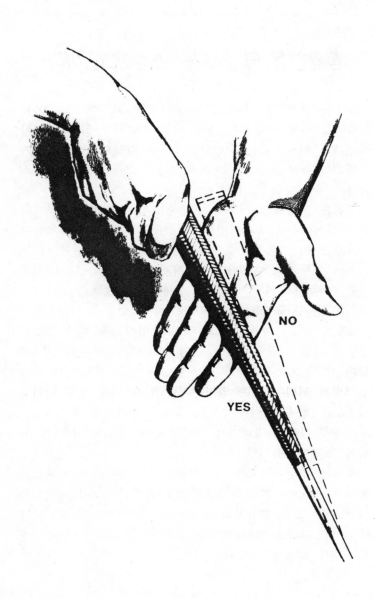

감정선을 감싼 그립이 컨트롤 좋다

골프에서 그립은 스윙의 얼굴이라고 말한다. 여자는 얼굴이 예쁠수록 좋다. 골프에서는 그립을 잡는 방법 여하에 따라 구질에 큰 영향을 미친다.

왼쪽 손의 그립이 부정확하면 백스윙의 정점(top of swing)에서 클럽을 잡은 손이 느슨해져서 예기치 않은 미스샷을 유발하게 된다. 톱스윙에서 왼손이 느슨해지면 다운스윙 때 다시 고쳐잡으려고 머뭇거리게 된다. 그러면 당연히 오른손도 움직이게 되어 클럽페이스의 방향과 클럽헤드의 궤도까지도 바뀌게 되어 공은 엉뚱한 방향으로 날아가게 된다.

왼손의 그립을 정확하게 잡는 방법은 그립이 네째손가락의 밑둥 바로 위를 비스듬히 가로질러서 감정선을 감싸고 그대로 클럽을 손안으로 감싸쥐는 것이 가장 이상적이라고 한다.

그렇게 되면 클럽은 엄지손가락 안쪽 밑에 찰싹 달라붙어 있는 상태가 되어 안정감이 있게 된다.

클럽이 그림의 점선처럼 손바닥 한가운데까지 처지게 되면 힘을 못받을 뿐만 아니라 컨트롤하기가 어려워진다.

특히 백스윙 때 겨드랑이가 떨어지는 초보자는 새끼손가락에 약간의 힘을 가해 주라. 그러면 겨드랑이는 저절로 붙어 돌아갈 것이다. 새끼손가락의 그립이 느슨해지면 겨드랑이는 밖으로 빠지기 때문이다.

그립을 잡는 손의 위치는 항상 같아야

어드레스 때 그립을 어떻게 잡아야 하는가 하는 방법도 중요하지만 그립을 잡은 두 손을 어디에 놓아야 하는가 하는 위치 선정은 더욱더 중요하다. 정확한 손의 위치란 일정한 스윙을 할 수 있게 하는 열쇠라 하겠다. 어드레스 때의 손의 위치는 어떤 클럽을 잡든지간에 풀샷을 할 경우 지면에서의 높이나 몸과의 거리(흔히 주먹 하나 둘을 떼어 놓으라)는 항상 같아야 한다는 것이다. 그래야만 자기 자신의 개성에 맞는 스윙을 할 수가 있기 때문이다. 다만 한 가지 다른 점은 클럽에 따라 공과의 거리가 달라질 뿐이다.

유명 프로의 어드레스를 보면 대개 공보다 그립이 왼쪽에 놓여 있거나 때로는 공 정면에 있거나 하여 두 손의 위치는 프로마다 다르다. 그러나 어느 경우에도 그립이 몸보다 왼쪽으로 빠져 있는 경우는 없다. 그렇다고 해서 극단적으로 오른발 쪽으로 쏠린 그립을 하고 있는 프로가 있는 것은 물론 아니다. 스윙 궤도의 최하점에 임팩트가 있다고 한다면 임팩트 때에 그립이 공 뒤편인 오른쪽에 있을 수가 없기 때문이다.

가장 이상적인 그립의 위치란 왼손과 클럽이 어느 정도 직선을 이루는 것이 좋다는 것이다. 그립의 모양을 중요시하는 것처럼 그립의 위치도 잘못되지 않도록 살펴보도록 하자.

장타를 치려면 그립을 가볍게 잡아라

그립은 가볍게 잡을수록 예리한 스윙을 할 수가 있다. 거리를 내기 위한 드라이버샷도 정교한 기술을 필요로 하는 숏게임도 힘을 뺀 그립에서만 가능한 것이다.

모든 샷에 공통되는 것이지만 그립을 지나치게 세게 잡으면 온 몸이 굳어버리고 특히 팔과 어깨의 움직임을 억제하기 때문에 스윙을 매우 부자연스럽고 딱딱하게 만든다.

그립을 너무 강하게 잡는 습성이 있는 사람은 그립이 손에서 빠져나가지 않는다는 확실한 감각만을 느낄 수 있을 정도로 좀더 약하게 잡으면 다음과 같은 이유 때문에 장타를 기대할 수가 있을 것이다.

첫째, 그립을 연하게 잡으면 어깨의 힘이 빠져서 백스윙 때 상체를 충분히 돌릴 수가 있고, 둘째로는 굳어버린 감각이 없어지면 임팩트 때 두 손과 손목을 마음 놓고 풀어줄 수가 있기 때문이다.

뿐만 아니라 그립에 힘이 들어가면 스윙아크가 작아지고 헤드스피드도 떨어지게 되어 결과적으로는 거리도 방향도 기대치에 미치지 못하게 된다.

아마추어 골퍼에게는 무엇보다도 드라이버샷이 생명이다. 장타를 원하거든 그립에 힘을 넣지 말라.

힘이 없는(그립) 힘의 효과(거리)를 기대해 본다.

피니시 때 그립 놀면 거리 방향 빗나가

골프 클럽의 그립이 놀지 않도록 잡아야 하는 것은 호쾌하고 정확한 타구를 위해서 없어서는 안될 요소 중의 하나이다.

두 손이 임팩트 전에 또는 임팩트 싯점에서 흔들리거나 놀게 되면 클럽헤드도 흔들려서 클럽페이스의 방향이 바뀌게 되어 거리도 방향도 엉망이 되고 만다.

그래서 어떤 경우에도 피니시 때 두 손이 절대로 떨어지거나 놀지 않도록 해야 하는 것이다. 피니시 때 그립이 느슨해 있지 않다는 것은 임팩트 싯점에서도 확실하게 공을 때릴 수 있었다는 증거가 된다.

흔히 그립은 왼손 세 손가락으로 잡으라고 한다. 어느 이론에도 오른손에 대해서는 별로 설명이 없다.

그러나 초보자들은 왼손 세 손가락만으로 그립을 잡게 되면 톱스윙에서 클럽을 받쳐주지 못하기 때문에 클럽헤드가 아래로 떨어져서 오버스윙의 원인이 되기도 한다.

그래서 그립은 왼손뿐만 아니라 오른손의 엄지와 둘째손가락의 중요성도 잊어서는 안된다.

특히 왼손으로는 방향을 리드하고 오른손으로는 공을 때린다는 한 발 앞선 골프 스윙의 원리를 잊지 않았다면 왼손에만 의존하는 그립은 하지 않을 것이다.

어차피 그립이란 두 손으로 잡는 것이 아니겠는가.

그립은 맨끝에서 약간 내려잡아라

클럽을 맨끝까지 잡는 그립을 하게 되면 스윙이 불확실해지기 쉽다. 그립 끝(grip end)이 왼손의 손바닥 밑을 눌러주게 되면 톱스윙에서 클럽을 정확하게 컨트롤할 수 없게 된다. 그렇게 되면 다운스윙 때 클럽을 다시 잡게 되어 공을 향해서 내려오는 팔의 스피드도 감속되지 않을 수 없게 된다. 그래서 클럽의 그립 끝이 왼손의 손바닥 밖으로 보일 정도로 남겨놓고 잡으면 항상 정확한 스윙을 할 수 있게 되어 그것이 자신감을 갖게 하고 결국 좋은 스코어로 이어지는 것이다.

골프 게임에는 기본이란 게 꽤나 많다. 골프 이론을 설명할 때마다 제각기 기본이라고 한다. 어느 것 하나 기본이 아닌 것이 하나도 없다. 그 중에서도 그립은 초보적인 기본이라고나 할까.

장타의 훈련을 쌓기 전에 그립부터 고치자. 특히 공을 클럽페이스 정면에서 맞히기 위해서는 그립은 매우 중요하다. 그립이 일정치 않으면 공을 칠 때마다 클럽페이스의 방향이 달라져서 공을 똑바로 보낼 수가 없다. 좀더 이해하기 쉽게 표현하면 골프에서의 그립은 자동차의 핸들을 잡은 손과 같은 역할을 한다면 그 중요성이 조금은 이해가 갔으리라.

특히 왼손으로 확실하게 그립을 잡을 수 있을 때 그립은 완성되고 스윙은 위력을 발휘하게 될 것이다.

장타는 그립쥔 두 손의 일체감에서

　다운스윙을 설명하다 보니 아무래도 그립 쪽을 다시 한 번 점검하지 않을 수 없다. 골프 스윙은 **그립부터** 시작된다. 그립이란 두 손으로 클럽을 맞잡으면 **외관상의 형태는** 갖춰지는 것이다. 처음에는 공을 맞히는 것조차 **어렵다** 보면 그립에 신경을 쓸 여유가 없다. 그러나 **어느 정도 공을** 맞히게 되어 거리나 방향을 의식하게 되면 다시 **그립의 중** 요성을 실감하게 되리라. 그립이 잘못되면 구질 자체가 일정치 않다. 악성 혹이 나는가 하면 이번에는 슬라이스, 다음은 하늘 높이 치솟는 공중 볼……이런 식이다.

　또한 오른손을 쓰지 않고 왼손만으로 때린다는 느낌으로 스윙을 하게 되면 이번엔 거리가 나질 않는다. 여기서부터 한 단계 높은 차원의 스윙 요령이 필요하게 된다. 즉 왼손 뿐만 아니라 오른손도 함께 쓸 수 있는 그립이 돼야 한다.

　대부분의 골퍼가 즐겨 쓰는 오버래핑그립은 두 손의 힘을 한데 모아서 히팅파워를 크게 하는 그립이다. 오른손을 쓰라고 해서 오른손의 힘이 너무 강하게 작용하면 왼손의 힘이 죽어버리고 이것 또한 슬라이스나 혹의 원인이 된다. 스퀘어그립의 장점에 대해서는 이미 설명한 바 있지만 어떤 형태의 그립을 택하더라도 중요한 것은 두 손이 놀지 않아야 한다는 것이다. 그래야만 일체감을 갖는 그립이 되는 것이고 임팩트 때 클럽페이스를 스퀘어로 컨트롤할 수 있기 때문이다.

그립쥔 열 손가락 모두 붙이도록

초보자가 클럽을 가장 쉽게 컨트롤할 수 있는 그립이 스퀘어그립이라는 말은 벌써 여러 번 했다. 되풀이하면 스퀘어 그립이란 오른손의 손바닥과 왼손의 손등이 모두 목표 쪽으로 향하도록 마주잡는 그립이다. 그런데 골프 교습서에는 이 스퀘어그립을 설명하면서 엄지손가락과 둘째손가락이 만들어내는 V 자의 방향이 두 손 모두 오른쪽 어깨 끝을, 또는 중간을, 아니면 턱으로 향해 있어야 한다고 덧붙여 설명하고 있다. 이 같은 설명은 오히려 많은 초보자들을 혼란에 빠지게 만든다. 결론부터 말하면 그립에서 V 자의 방향에 구애받을 필요는 없다고 단언할 수 있다. 한 가지 분명한 것은 V 자가 턱보다 왼쪽으로 향하는 일은 결코 없다는 사실이다.

그립은 좌우 열 손가락이 벌려지지 않도록 잡는 것이 더욱더 중요하다. 열 손가락을 모두 밀착시켜서 그립을 잡으면 항상 동일한 그립이 가능하지만 어느 손가락 하나라도 벌려지는 그립은 그립을 잡을 때마다 조금씩 달라져서 손의 감각을 일정하게 유지하기 어렵기 때문이다. 골프 스윙 자체가 감각적이어야 하는 것처럼 그립도 마찬가지이다. 그립에 안정감이 없으면 어제는 슬라이스에 시달리고 오늘은 훅으로 고민하게 된다. 열 손가락에 빈 틈이 없는 그립……이것은 원인 불명의 미스샷을 바로잡아 줄 것이다.

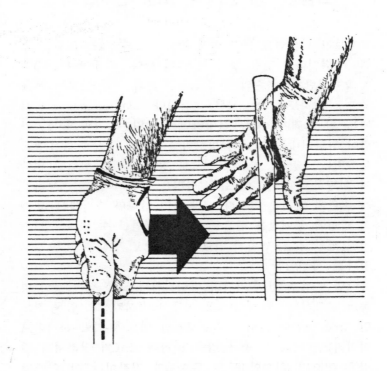

정확한 왼손 그립이 좋은 스윙 비결

공을 바로 맞히기 위해서는 왼팔이 주도하는 스윙이 돼야 한다고 강조한다.

물론 백스윙 때 왼팔이 펴져 있어야 내려올 때도 펴져서 내려온다. 그러나 왼팔이 펴진다고 왼팔이 주도하는 스윙이 되는 것은 아니다. 하나의 동작은 다음 동작을 위한 예비(준비) 동작이라는 사실을 기억하자. 백스윙 때 왼팔을 펴야 하는 것은 공을 힘 있고 정확하게 맞히기 위한 것이다. 그것은 기계처럼 움직이는 원운동(스윙)을 가장 바르게 할 수 있는 확률이 높기 때문이다. 그런데 왼팔이 펴진 상태에서 공을 맞힐 때 직각으로 맞아야 공은 곧바로 날아간다. 이것을 가능케 하는 것이 또 다른 예비 동작인 왼손의 그립이다. 이 왼손 그립을 완벽하게 할 수 있으면 골프 기술의 반은 마스터한 거나 마찬가지이다. 그렇기 때문에 초보자들은 물론 아직도 거리나 방향이 뜻대로 되지 않는 중견 골퍼까지도 먼저 왼손 그립을 정확하게 잡는 방법을 배워야 한다. 왼손 엄지손가락을 샤프트 위에 올려놓고 클럽을 잡으면 왼손의 등은 목표선과 직각이 돼야 한다.

이것은 겉으로 본 모양이지만 진작 중요한 것은 손바닥 속을 어떻게 잡느냐는 것이다. 클럽의 손잡이(그립)가 손바닥을 가로질러 가도록 잡는 것은 손 안에서 그립이 놀지 않게 하기 위해서이다(이 대목은 말로 설명하기도 스스로 느끼기도 어려운 부분이다). 이것이 소위 말하는 스퀘어그립이다. 이렇게 왼손 그립을 정확하게 잡을 수 있으면 스윙은 훨씬 편해지고 자신도 붙을 것이다.

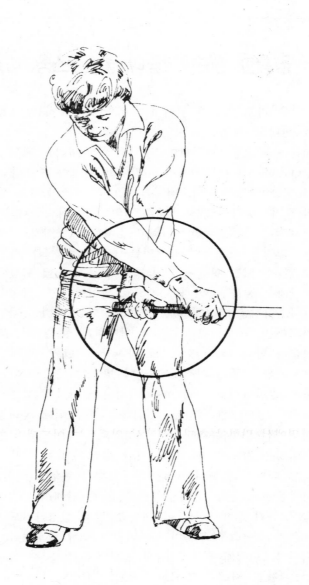

그립 잡을 때 양손을 붙이지 말도록

"머리를 들지 말라." 헤드업을 경고하는 이 말은 골프 격언 중 으뜸가는 것이다. 아무리 노력해도 안되고 얼마나 어려우면 핸디캡 숫자만큼 머리를 들게 된다고 하지 않았던가. 머리를 들지 않는 것은 퍼팅뿐만 아니라 모든 타구 때 몸 정면에서 공을 때리기 위해서는 매우 효과적인 방법이다. 아니 하나밖에 없는 방법이라고 해두자. 그렇지만 이 말(머리를 들지 말라는)은 스윙의 중심축이 어디에 있는 것조차 모르는 초보자에게는 알아듣기도 힘든 말이다. 스윙축을 흔들리지 않게 하려면 머리를 들지 않는 길밖에 딴 방법은 없다. 그러나 머리를 조금도 움직이지 않고 못 박듯이 고정시키면 이번에는 스윙이 작아져서 공이 멀리 날아가지 않는다. 이렇게 이율배반의 이중성을 지닌 것이 골프의 특성이고 생리이다. 그래서 골프가 어려운 것이다. 오히려 머리를 자연스럽게 움직이도록 내버려두면 몸의 율동도 살아나서 힘 있는 공을 때릴 수 있게 된다. 공은 몸으로 때려야 한다고 했고 몸으로 때리는 타법은 공을 몸 정면에서 맞혀야 한다. 그래서 임팩트는 어드레스 때의 자세를 재현해야 한다고 한다.

왼손과 오른손이 떨어지도록 그립을 잡고 공을 때려보라. 그러면 임팩트 때 왼손은 오른쪽으로 오른손은 왼쪽으로 엇갈리게 될 것이다. 이때 두 어깨는 목표선과 평행을 이루게 된다. 이것이 몸 정면에서 때리는 정확한 자세이다. 이 요령을 체득하면 지금까지 없었던 장타에 스스로 놀랄 것이다.

플레이어에 관한 4개 기본 원칙

골프 규칙은 영국의 R&A (The Royal and Ancient Golf Club of St. Andrews)와 미국 골프협회(USGA)가 공동 협의하여 제정하고 있다. 이 두 기구는 1952년 처음으로 골프 규칙 통일안을 만들어 1959년까지 적용해 왔으나 몇 가지 세부 사항에 견해차가 있어 일시 혼미의 길을 걸어오다 1966년에 겨우 완전 합의를 보게 되어 1967년 1월 1일부터 발효되는 통일 규칙을 제정, 공표하여 오늘에 이르고 있다.

이 규칙은 1745년 영국에서 제정된 최초의 골프 규칙인 13조 룰이 기본을 이루고 있다. 그러나 이 13조룰은 매치 플레이에만 해당되던 것이어서 경기 형태가 지금의 스트로크 플레이로 바뀜에 따라 이에 필요한 판정이 요구되어 이를 보완, 지금의 룰이 탄생된 것이다.

R&A 와 USGA 는 골프에 관한 모든 사항을 규정하려고 시도하고 있으나 예측할 수 없는 사건까지 미리 규제할 수는 없기 때문에 새로운 판정이 필요할 때마다 이를 보완하고 올림픽이 열리는 4년마다 종합적으로 개정, 공표하고 있는 것이다. 이것이 전세계에서 공통으로 사용하는 골프의 기본 규칙인 것이다.

골프 규칙 중 우리의 관심을 끄는 것은 아무래도 플레이에 관한 규칙일 것이다. 이 경기 규칙은 34조로 분류하여 세부 사항을 규정하고 있으나 기본은 다음 4개 기본 원칙으로 집약할 수 있을 것이다. 즉 ▲한 홀에서는 한 개의 공으로만 플레이한다는 원칙, ▲타구(스트로크)의 연속성의 원칙, ▲공은 있는 그대로 플레이한다는 원칙, ▲홀아웃의 원칙 등이다. 이 원칙만 준수한다면 미스샷이 났을 때 공을 다시 치는 일, 공을 슬쩍슬쩍 건드리는 터치 플레이, 스윙에 장애가 되는 풀이나 나뭇가지를 꺾는 일, 그린에서 공을 바꾸는 일, 짧은 거리의 퍼팅을 안하는 일(기브)…등 불미스러운 사건들은 사라질 것이다.

골프규칙

The Rules of Golf

백 스 윙

Backswing

테이크백은 천천히 낮게 끌어올려야

일반적으로 빠른 백스윙은 미스샷의 원인이 된다. 성급하게 테이크백을 하게 되면 클럽을 낮게 끌어올리지 못하고 위로 들어올리기 쉽기 때문이다.

클럽은 어느 정도의 템포로 끌어올리는 것이 이상적인 것일까. 여기에는 개인차가 있는 것은 사실이다. 그러나 한 가지 분명한 것은 아마추어 골퍼, 특히 초심자가 백스윙을 빨리 하면 공을 정확하게 맞힐 수 없다는 사실이다. 백스윙이 빠르면 스윙 자체가 힘이 붙어서 거리도 멀리 나갈 것이라고 생각하는 골퍼가 많을 것이다.

물론 거리는 힘과 속도에 비례하는 것은 사실이지만 이것은 기계가 일을 하는 물리학의 공식이고 사람의 몸에 의한 골프샷에서는 기대할 수 없는 착각에 불과한 것이다.

백스윙이 빠르면 몸이 미처 따라 돌지 못하고 몸이 돌아가지 않으면 아무래도 손에만 의존하는 스윙이 되기 쉽다. 이것이 초심자에게서 흔히 볼 수 있는 전형적인 패턴이다.

백스윙 때 어깨를 충분히 돌리기 위해서는 클럽을 조금 더 천천히 여유 있게 끌어올리지 않으면 안된다.

목표선상 오른발 앞에 티를 꽂고 백스윙을 해보자. 클럽헤드가 이 티를 건드릴 때까지 뒤로 밀어내라. 티가 쓰러지면 그 싯점부터 클럽헤드를 위로 들어올려라. 이 연습을 통해서 백스윙을 낮게 그리고 천천히 할 수 있는 요령을 알게 될 것이다.

팔과 어깨 따로 놀면 스윙 불안정

왼팔만으로 클럽을 끌어올리면 백스윙의 감각을 잡을 수 있다고 한다. 모든 골프 이론이 그렇듯이 어디에 중점을 두고 설명하는가에 따라 색다른 이론처럼 느껴져서 흥미롭기는 하지만 초심자들은 더욱더 고민에 쌓이게 된다. 골프 스윙이란 감각적인 것이기 때문에 사람마다 다를 수밖에 없는 것이다. 백스윙은 몸 전체로 하는 것이라고 하는가 하면 어깨의 회전에 중점을 두라고 하기도 한다. 또는 두 팔 사이의 삼각형을 강조하는 설명도 있을 것이다.

어떤 방법으로 백스윙을 하든 어깨만은 충분히 돌려줘야 한다. 어깨가 덜 돌아가면 아무래도 손으로 백스윙을 하게 되고 결과적으로는 손으로만 때리게 된다. 그래서 어떻게 하면 어깨를 충분히 돌릴 수 있을까 하는 문제는 골퍼에게는 큰 관심사가 아닐 수 없는 것이다. 부드러운 테이크백을 위해서는 그립을 잡고 있는 두 손은 무시하라. 다만 두 팔과 두 어깨를 한 덩어리로 움직인다는 감각을 찾아라. 백스윙 때 두 손에 중점을 두게 되면 대개 그립을 강하게 잡게 된다. 그러면 팔과 어깨의 근육이 굳어져서 스윙 자체가 부자유스럽고 그 결과 뒤땅을 때리거나 클럽페이스가 엎어지면서 악성 혹이 나기도 한다.

"조금만 어깨가 더 돌아가면 좀더 좋은 타구를 할 수 있을 텐데."

이런 생각이 들거든 테이크백 때 두 손을 잊어버려라.

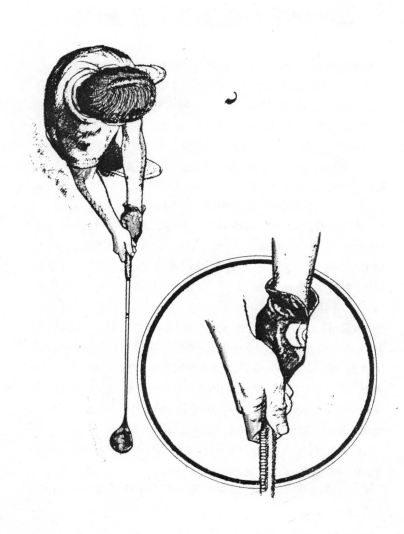

테이크백 때 왼쪽 손목을 고정시켜라

일반적인 골퍼라면 드라이버로 200 m 정도는 날려보낼 수 있을 것이다. 이것은 결코 무리한 요구도 아니고 특별한 재능이나 기술이 있어서가 아니다. 보통 사람이 정상적인 스윙만 할 수 있다면 얼마든지 가능한 거리이다. 그런데 실제로 200 m 를 보내는 골퍼는 많지 않으니 왜 그럴까.

한 마디로 스윙의 원리를 모르기 때문이다. 스윙의 모든 동작은 클럽페이스가 공을 직각으로 맞히기 위한 예비 동작들이다. 백스윙도 그 중의 한 단계이다. 어드레스 때 공과 클럽페이스는 직각을 이루고 있을 것이다. 이 직각인 상태는 백스윙, 톱스윙, 다운스윙, 임팩트의 여러 경로를 거치면서도 방향이 틀어져서는 안된다. 이것을 가능케 하는 것이 손목이다.

손목을 꺾는 동작, 즉 코킹은 골프 스윙에서는 미묘한 동작 중의 하나이다. 골프 스윙에서 코킹이란 좌우 운동이 아니라 상하 운동이라고 한 말을 기억할 것이다. 그러면 백스윙 때 손목은 어느 싯점에서 꺾는 것이 이상적인 것일까.

흔히 초심자들은 테이크백 때 너무 빨리 손목을 꺾거나 잘못 꺾어서 클럽페이스가 젖혀지거나 엎어진 상태에서 들어올리는 경향이 많다. 이런 식의 백스윙은 모두 미스샷의 원인이 된다. 클럽페이스가 직각을 유지한 채 톱스윙까지 이르려면 테이크백 때 왼손의 손등을 고정시켜라. 적어도 클럽헤드가 허리 높이를 지날 때까지는 손목을 쓰지 말라. 그러면 200 m 의 한은 풀 수 있을 것이다.

오버스윙 피하려면 왼팔을 뻗어라

공을 힘 있게 맞히기 위한 힘을 저축하는 과정이 백스윙이다. 그런데 그 방법이 잘못돼 있으면 힘은 달아나고 만다.

50고개에 접어들면 아무리 몸 관리를 잘해도 몸은 조금씩 굳어지게 마련이다. 지금까지처럼 풀스윙은 무리하다는 것을 인정하지 않으면 안되는 때가 온 것이다. 젊었을 때처럼 클럽을 끝까지 들어올리려고 하면 왼팔은 굽게 되고 이때부터 스윙은 무너지게 된다.

백스윙 때 왼팔이 굽으면 마치 부러진 활과 같은 것이어서 힘은 쓰지 못하게 된다. 이런 상태로는 스윙의 목적을 달성하기란 여간 어려운 것이 아니다.

흔히 풀스윙이란 톱스윙 때의 샤프트가 수평이 되는 것이 이상적이라 했다.

그렇다고 왼팔을 굽히면서까지 샤프트의 수평을 고집한다면 개성 있는 골퍼의 자격을 포기하는 결과를 자초하게 될 것이다.

그러면 어느 정도까지가 백스윙의 한계인가를 알아보기 위해서는 왼팔을 편 채 클럽을 들어올려서 무리 없이 편안하게 올라갈 때까지가 한계라고 생각하라. 경우에 따라서는 클럽헤드가 하늘을 보고 있을 때도 있을 것이다. 여기가 바로 톱스윙이고 이때부터 다운스윙에 들어가라.

예전보다 스윙이 작아졌기 때문에 다소 거리는 줄게 될 것이나 그 대신 노련미가 늘고 있는 기쁨을 맛볼 수가 있을 것이다.

백스윙 때 그립 끝 방향 꼭 체크를

백스윙을 업라이트로 할 것인가, 플랫으로 할 것인가, 아니면 그 중간 정도로 할 것인가 하는 문제는 골퍼 각자가 자기 몸에 적합한 스윙을 하는 데 매우 중요한 요소라 하겠다. 일반적으로 키가 큰 사람은 스윙 평면이 업라이트가 되고 키가 작은 사람은 플랫이 되기 쉽다. 그러나 키가 크고 작은 것 때문이 아니라 어깨를 돌리는 방법에 따라 스윙 평면을 조절하는 것이 자연스러운 스윙의 기본이다.

자기 몸에 맞는 스윙이란 정확한 스윙 평면을 그리게 된다. 물론 클럽헤드는 바른 궤도 위를 따라가게 마련이다. 자기의 스윙을 자기 자신이 확인하기란 어려운 것이나 스윙 평면이 정확한지 아닌지를 확인하기 위해서는 두 손이 백스윙의 절반(하프스윙)에 해당하는 지점인 허리 근처에 이르렀을 때 클럽의 그립 끝이 공 쪽으로 향하고 있으면 정상적인 스윙을 하고 있다는 증거이다.

그립 끝이 발끝 쪽을 보고 있으면 업라이트스윙이고 공 바깥쪽으로 향하고 있으면 플랫스윙이라고 봐야 할 것이다. 그립 끝이 정확하게 공을 보고 있을 때에만 시종일관 클럽헤드가 동일 평면상에서 움직이고 있게 되어 흔들리지 않는 스윙을 할 수 있는 것이다. 다운스윙도 제대로 되고 있는가를 확인하는 방법은 이와 마찬가지여서 두 손이 허리 근처까지 내려왔을 때의 그립 끝의 방향을 체크하면 알 것이다.

백스윙 때는 한 가지 요령만 생각하라

골프 스윙은 몸을 비틀었다가 다시 제자리로 돌아오도록 풀어주는 동작이라고 말할 수도 있을 것이다. 말로는 매우 간단한 것처럼 보이지만 실제로 골프 클럽을 휘둘러보면 어딘지 모르게 동작이 딱딱해져서 공을 제대로 맞히기란 생각만큼 쉬운 것은 아니다. 어떻게 하면 편안한 스윙으로 공을 정확하게 맞힐 수 있을까.

스윙은 간단할수록 좋다는 말을 기억할 것이다. 이 말은 스윙 자체도 간단해야겠지만 생각마저도 단순할수록 좋다는 말이다. 불과 2~3초 사이에 끝나 버리는 스윙에서 이것 저것 복잡한 생각을 하는 것부터가 무리한 것이고 실제로도 불가능한 일이다. 그래서 스윙이란 감각적이어야 한다고 하지 않았던가. 다만 자기가 꼭 지켜야 할 한 가지 사항만을 염두에 두고 스윙을 하는 것이 가장 바람직한 일이다. 예를 들면 머리를 들지 말자, 손목을 꺾지 말자, 어깨를 돌리자……이런 식으로 말이다.

골프 클럽을 들어올리는 동작 하나에도 각자가 강조하는 요령은 있게 마련이다. 즉 어깨를 어느 정도 돌리면 백스윙이 완전해진다는 생각도 바로 그것이다. 어깨를 돌린다는 동작은 백스윙에서 중심 동작이다. 어깨의 회전 하나만을 생각하고 백스윙을 하면 그만큼 스윙을 단순하게 할 수 있는 것이다. 이렇게 어느 한 가지에만 중점을 두는 것만으로도 골프 기술은 몰라 보게 달라지기 때문이다.

어깨를 충분히 돌려야 장타가 나온다

골프 스윙의 좋고 나쁨을 설명하는 방법은 어디에 기준을 두는가에 따라 달라질 수 있다. 백스윙의 경우도 여러 갈래로 말할 수 있을 것이다. 왼쪽 어깨와 턱, 왼쪽 겨드랑이와 팔꿈치, 왼쪽 손목과 손등의 방향……등등. 다만 어떤 관점에서 설명하든 결론은 하나뿐이다. 즉 공을 정확하게 멀리 날려줄 수 있는 방법만을 찾고 있고 이를 위해 설명하고 있는 것이다.

백스윙의 중요한 요소 중에 아무래도 어깨의 회전을 빼놓을 수 없다. 제각기 스윙 폼은 달라도 어깨만 충분히 돌아가면 공은 그런 대로 어느 정도의 거리까지는 날려보낼 수가 있는 것이다.

백스윙은 클럽을 들어올리는 동작뿐만 아니라 몸을 회전시켜 주는 동작도 병행해야 한다. 이 두 가지 목적을 충족시키기 위해서는 두 손으로 클럽을 조작하는 것보다는 왼쪽 어깨가 주축이 되는 것이 바람직하다. 손에 의존하는 스윙은 손목을 잘못 쓰게 되는 경향이 많기 때문이다.

백스윙 때 클럽을 잡은 두 손이 허리 높이에 이를 때까지는 어깨만을 돌려라. 이때 클럽헤드의 끝이 수직으로 하늘로 향하고 있으면 정상적인 스윙을 하고 있다는 증거이다. 만일 클럽페이스가 왼쪽이나 오른쪽으로 기울어져 있으면 클럽이 젖혀졌거나 엎어진 때문인데 이와 같은 형상은 모두 손목을 잘못 쓴 코킹 때문이라는 것을 잊어서는 안된다.

공은 자기 스윙에 맞는 위치에 놓도록

"드라이버샷 때 공의 위치는 왼발 뒤꿈치 앞이 정상이다." 이 말은 골프의 정설처럼 알려져 있다. 골프에 관한 교습서에서도 하나같이 이렇게 설명하고 있으며 우리도 그렇게 배워 왔다. 그렇지만 과연 이 원리가 모든 골퍼에게 적합한 이론일 수 있을까. 이론상으로는 공을 왼쪽으로 놓을수록 장타의 확률이 높은 것은 사실이다. 잭 니클로스처럼 어떤 클럽이든간에 공을 왼발 쪽에 놓는 골퍼가 있는가 하면 클럽이 짧아질수록 조금씩 오른쪽으로 옮겨놓는 골퍼도 있다.

그렇다면 나에게는 어느 위치가 가장 적합한 것일까. 공의 위치를 바꿔가면서 연습공을 때려 보자. 왼쪽에, 가운데에, 오른쪽에 …… 이렇게 해서 자기 위치를 찾아내자.

골프 스윙은 원운동이다. 이것은 위에서 내려다보면 클럽헤드의 궤도는 목표선과 어느 지점에서 만나게 된다. 이 접점을 통과할 때의 클럽헤드의 방향이 공이 날아가는 방향과 일치하게 된다. 최소한도 기계처럼 움직이는 스윙에서는 그렇다는 말이다. 그러나 스윙이란 몸을 움직이면서 하는 동작이기 때문에 공을 바로 맞히기 위한 공의 위치는 달라질 수밖에 없는 것이다.

그러니 "공은 왼발 뒤꿈치 앞에"라는 고정 관념에서 벗어나 적당한 자리로 옮기면서 자기 스윙에 맞는 공의 위치를 찾는 것은 개성 있는 스윙을 위해서 더욱더 중요한 일이다.

톱스윙은 오른발 안쪽에 체중을

　톱스윙 때 오른발 안쪽에 체중이 실려 있고 오른쪽 무릎이 가볍게 안으로 들어간 상태가 지속되기만 하면 다운스윙 때에 체중 이동은 훨씬 쉬워질 것이다. 그러나 실제로는 어드레스 자세에서 아무리 세심한 주의를 기울여도 테이크백 때 클럽을 들어올리기만 하면 어느새 체중은 오른발 바깥쪽으로 빠지면서 스웨이가 되는 것이 초심자들의 공통된 결점이다.

　그러면 아예 백스윙이라는 과정을 생략하고 처음부터 톱스윙의 위치에서 다운스윙을 하면 어떤 결과가 일어날 것인가. 물론 이때 오른쪽 무릎을 안으로 집어넣고 체중을 오른발 안쪽에서 받쳐주는 것을 잊어서는 안된다. 이렇게 하면 톱스윙의 자세는 완벽해지고 다운스윙 때 체중이 왼쪽으로 옮겨가는 감각을 쉽게 느낄 수 있을 것이다. 이렇게 톱스윙의 위치에서 공을 때리면 처음에는 공이 제대로 맞지 않을 것이다. 그러나 이 타법은 몸과 팔 그리고 클럽이 삼위일체가 돼서 조화를 이룬 다운스윙의 요령을 알게 해 줄 것이다. 이것은 체중 이동의 감각을 찾기 위한 연습방법이기 때문에 거리는 무시하라. 그리고 오직 공을 곧바로 보내는 것만을 생각하라.

　이 연습을 되풀이하면 멀지 않아 정상적인 어드레스 자세에서 백스윙을 해도 톱스윙은 제자리를 찾을 것이고 계속해서 스트레이트볼을 때릴 수 있을 것이다.

톱스윙 때 왼쪽 어깨는 턱밑에까지

톱스윙이 제대로 됐는지 아닌지를 확인하기 위해서는 다음 두 가지 점에 유의하라. 첫째는 손으로만 들어올리기 쉽다는 것이다. 손으로만 클럽을 들어올리면 백스윙 자체가 완전하지 못하고 다운스윙 때에도 손으로만 끌어내리게 되어 상반신과 하반신이 균형을 잃게 된다. 둘째로 주의할 점은 왼쪽 어깨이다. 톱스윙 때 왼쪽 어깨가 턱밑에 들어가 있는가 아닌가를 확인하라. 만일 손으로만 들어올리면 왼쪽 어깨는 턱 왼쪽에 있게 되어 어깨가 덜 돌아가고 몸의 회전도 완전치가 못하다는 증거이다. 또 한 가지 중요한 사실은 오른쪽 허벅지가 당겨지는 느낌을 가져야 한다. 정상적인 톱스윙에서는 오른쪽 다리 허벅지에 많은 힘이 걸리게 된다. 그것은 오른쪽 다리 안쪽에서 체중을 받쳐주기 때문이다.

이것이 정상적인 톱스윙의 형태인데 몸이 꼬일 때 중심축이 되는 것이 다리이기 때문에 거기에는 많은 힘이 걸리게 된다. 바꿔 말하면 오른쪽 허벅지에 아무런 느낌이 없이 편안하다면 이것은 체중이 밖으로 빠져 있다는 증거이다.

톱스윙은 몸을 꼬았다 풀어주는 중간 지점이다. 이렇게 힘이 걸려 있는 오른쪽 허벅지는 다운스윙 때 체중을 왼쪽으로 옮기는 원동력이 된다. 그래서 골프 스윙이란 팔이 아니라 체중이 실려 있는 하반신으로 리드해야 하며 이것이 안정된 스윙, 안정된 구질을 얻을 수 있는 유일한 길이기도 하다.

톱스윙에서 수평이 표준은 아니다

백스윙의 정점에서 샤프트는 지면과 수평을 이루는 것이 이상적이라고 한다. 그러나 이것은 어디까지나 이상이지 표준은 아니다. 톱스윙에서 클럽헤드가 왼쪽 어깨 밑으로 내려오는 골퍼도 자기 자신은 지면과 평행일 것이라고 믿고 있고, 클럽헤드가 하늘로 치솟은 톱스윙을 하고 있는 사람도 자기는 수평을 이루고 있다고 주장한다. 단지 클럽헤드에 공을 맞히기만 하면 되는 것이라면 톱스윙의 위치쯤 아무러면 어떠랴. 그러나 공을 멀리 날려 보내기 위해서는 이에 적합한 톱스윙의 위치란 당연히 있을 것이 아니겠는가. 그러면 유명 프로 골퍼들의 톱스윙은 어떤가를 살펴보기로 하자.

이들의 톱스윙을 보면 더러는 샤프트가 수평을 이루기도 하고 또 더러는 어깨 높이 정도에서 클럽이 멎어버리는 등 그야말로 각양각색이다. 그러나 공통점이 있다면 톱스윙의 위치가 항상 일정하다는 것과 어떤 경우에도 클럽헤드가 수평선 아래로 내려가지는 않는, 말하자면 오버스윙은 없다는 사실이다. 오버스윙은 골프 스윙 중에서 절대로 해서는 안되는 것 중의 하나이다. 일반적으로 톱스윙이란 테이크백의 한계점이라고 생각하면 좋을 것이다. 그래서 톱스윙의 이상적인 형태란 샤프트가 지면과 수평인 위치가 아니겠는가 하고 생각하기 쉽다. 그러나 이 위치는 각자의 체형, 체력, 유연성에 따라 다르다. 수평을 이루도록 노력하는 것은 좋으나 무리해서는 안되며 자기 몸을 돌릴 수 있는 한계점까지만 돌리도록 하자.

가슴과 그립의 거리 일정하게 유지를

자기의 톱스윙의 위치를 아는 것은 중요한 일이긴 하지만 이때 잊어서는 안될 일이 하나가 있다. 그것은 어드레스 때의 가슴과 그립의 거리가 톱스윙에서도 같아야 하는 것이다. 보통 왼팔을 펴서 어드레스를 하고 있기 때문에 왼팔이 뻗어 있는 톱스윙에서도 가슴과 그립의 거리가 길어지거나 짧아지는 경우는 있을 수 없다. 만일 짧아졌다고 한다면 그것은 왼팔의 팔꿈치가 굽어 있기 때문이다. 백스윙 때 왼팔을 펴야만 그립과 가슴의 거리를 일정하게 해주고 안정된 스윙 궤도를 유지할 수 있는 것이다.

흔히 백스윙 때에는 어깨와 두 팔 사이의 삼각형을 무너뜨리지 말라고 말하지만 실제로 톱스윙에서는 어떤 유명 프로라도 오른쪽 팔꿈치를 안으로 죄기 때문에 톱스윙 때까지도 삼각형을 유지한다는 것은 불가능한 일이다. 그래서 차라리 가슴과 그립의 거리를 일정하게 유지하라는 편이 이해하기가 쉬울 것이다. 더러는 어드레스 때 왼팔이 굽어 있거나 톱스윙에서 오른쪽 팔꿈치가 밖으로 빠지는 프로 골퍼가 없는 것은 아니지만 이들은 한결같이 가슴과 그립의 거리를 일정하게 유지하고 있는 것을 알 수 있다. 그러나 아마추어 골퍼가 이런 방법을 따르게 되면 다운스윙 때 몸이나 팔꿈치로 스윙을 조절하지 않으면 안되는 무리가 따르게 된다.

그렇기 때문에 안정된 스윙 궤도를 유지하려면 왼팔이 쭉 뻗어 있어야 하는 것이다.

비대한 사람은 스윙 때 어깨만 돌려야

아무래도 비대한 사람은 정상적인 골프 스윙을 하기에는 어려움이 있다. 하반신 주도형의 스윙을 강조하는 것이 기본적인 원리이긴 하지만 그렇다고 이 원리가 누구에게나 해당되는 말은 아니다. 뚱뚱한 사람은 하체를 자유롭게 쓸 수 없다. 그러니 허리가 돌아가지 않는 것은 당연한 일이다. 이것을 무리하게 돌리려고 하다 보면 억지 스윙이 되고 골프가 어려워진다. 그렇다고 방법이 없는 것은 아니다. 뚱뚱한 사람은 허리도 굵지만 상체가 강하고 특히 팔뚝의 힘은 대단하다. 이런 특성과 장점을 살려서 스윙 스타일을 바꾸면 되는 것이다. 즉 하반신의 움직임을 최소한으로 억제하고 상체와 팔의 힘만으로 몸을 돌리는, 말하자면 푸트워크가 없는 타법으로 말이다.

이 스윙의 기본은 어깨만 돌리는 데 있다. 뚱뚱한 사람은 허리는 안 돌아가도 어깨는 돌아간다. 하체를 쓰지 않기 때문에 얼핏 보면 손에 의존하는 변칙 타법처럼 보이지만 체중 이동과 어깨의 회전만 완벽하면 남다른 장타를 쉽게 날릴 수 있는 것이다. 특히 이들의 롱아이언샷은 놀랄 정도의 위력을 발휘할 수도 있을 것이다. 이들이 주의해야 할 점은 폴로스루 때 두 팔을 쭉 뻗어서 완전한 피니시를 하려고 하지는 말아야 한다.

왼쪽 어깨 충분히 돌려야 스윙이 정확

스윙 머신에 붙어 있는 기계팔처럼 임팩트 때 클럽페이스가 항상 정확하게 목표 쪽으로 향하고 있으면 타구의 방향은 틀림없이 목표 쪽으로 날아간다. 이처럼 기계 같은 스윙을 하기 위해서는 무엇보다도 왼쪽 어깨가 공에서 멀리 떨어져 있어야 한다. 임팩트 때 왼쪽 어깨가 공에서 가까우면 왼쪽 팔꿈치로 간격(거리)을 조절하게 되어 왼쪽 팔꿈치가 꺾이거나 밖으로(목표 쪽) 빠지게 된다. 그러면 클럽헤드를 오른쪽으로 밀어내게 되어 왼팔은 기계팔의 역할을 할 수 없게 된다. 임팩트 때 왼쪽 어깨가 공에서 멀어지려면 다운스윙에 들어가면서 재빨리 왼발에 체중을 옮기고 왼쪽 허리를 수평으로 돌려야 한다. 만일 왼쪽 허리가 돌아가지 않으면 몸은 왼쪽으로 쏠리면서 클럽페이스는 열리게 된다. 다운스윙 때 왼쪽 팔을 스윙 머신의 기계팔처럼 움직여야 하는 것은 공을 스퀘어로 맞히기 위해서이다. 다만 왼팔은 뻗어 있어야 하지만 너무 힘이 들어가서 딱딱하지 않게 어느 정도의 여유는 있어야 한다.

임팩트 때 왼손의 등은 목표 쪽으로 향하는 것이 이상적이라고 했다. 그래야만 클럽페이스도 목표 쪽으로 보고 있게 되어 결과적으로는 공을 직각으로 맞힐 수 있게 된다. 왼쪽 어깨도 크게(멀리) 왼쪽으로 돌리는 것이 직선 타구를 위한 다운스윙의 요령이다.

이렇게 해서 스윙 머신 같은 메커니컬 스윙은 가능한 것이다.

직선 타구는 오른쪽 손목을 고정시켜야

톱스윙에서 그립을 잡은 손의 모양이 바뀌면 클럽헤드는 정상 궤도에서 벗어나게 된다. 모처럼 하반신이나 상체를 이상적으로 움직인다 하더라도 톱스윙 때 그립이 조금만 바뀌어도 모든 것이 허사가 된다. 어드레스 때 왼손의 등은 클럽페이스와 같은 방향을 보고 있고 오른쪽 손목은 자연스럽게 꺾여진다. 그런데 톱스윙 때 오른손은 어드레스 때와 마찬가지로 자연스럽게 꺾였던 손목은 그대로 있어야 한다. 톱스윙에서 오른손이 제자리를 못 지키는 것은 코킹이 잘못돼 있기 때문이다. 코킹에 관해서는 벌써 여러번 설명한 대로 상하의 움직임만 있을 뿐 손목이 좌우로 꺾이는 것은 골프 스윙에서의 코킹이 아니다. 제발 장타가 아니라도 좋으니 이 점만은 절대로 지켜주기 바란다. 톱스윙에서 그립을 잡은 두 손을 '잘못'쓰면 클럽페이스가 열리게 된다. 다시 말하면 톱스윙에서 클럽페이스가 열리는 것은 백스윙 때 손목을 '잘못' 꺾기 때문이다. 누차 설명한 대로 코킹이란 톱스윙 때 클럽헤드의 무게와 스윙의 반동으로 자연스럽게 꺾여야지 의도적으로 꺾게 되면 클럽페이스의 방향이 바뀐다는 것쯤 이미 알고 있는 사실이 아닌가.

실제로 연습공을 때리지 않아도 연습 스윙을 통해서 이것을 확인해 보라.

그러면 눈으로 봐서 알게 될 것이고 자신을 얻을 수 있을 것이다. 이렇게 해서 톱스윙 때 오른쪽 손목을 고정시키면 슬라이스라는 고질병은 자취를 감추게 될 것이다.

캐디는 클럽 운반하는 짐꾼이 아니다

캐디란 플레이하는 동안 플레이어의 클럽을 운반 또는 취급하거나 기타 골프 규칙에 따라 플레이어를 원조하는 사람을 말한다. 이것은 골프 규칙에 명시된 캐디에 관한 정의이다. 플레이어를 도와줄 수 있는 것은 오직 캐디뿐이다. 이것은 골프 규칙상 허용되는 캐디의 특권이며 의무이다. 그래서 캐디란 아마추어 골퍼에게는 유일한 상담역이고 후견인이지만 막대한 상금이 걸려 있는 프로 세계에서는 엄밀한 의미에서의 동업자이다.

그런데 캐디의 수난 소식이 전해질 때마다 우리의 마음을 우울하게 만든다. 캐디라는 직업이 우리나라에도 어엿한 직종으로 정착된 지 꽤 오래이다. 캐디를 얼마간의 품삯을 주고 클럽이나 날라주는 짐꾼으로, 공이나 찾아주는 심부름꾼 정도로 생각한다면 곤란하다. 일손이 달리는 외국에선 클럽을 날라주는 기계(카트)가 등장했지만 캐디 없는 플레이는 기량이 미숙할수록 코스 공략이 어렵고 스코어도 나빠진다. 그러나 플레이어마다 캐디가 따르는 우리에게는 골프 천국에서 특권(?)을 누리고 있다고 해도 지나친 말은 아니다. 플레이어와 캐디의 관계는 결코 주종 관계가 아니다. 엄밀한 의미의 동업자라고 하지 않았던가……다만 하는 일이 서로 다를 뿐이다. 간혹 깊은 러프 속으로 날아간 공을 찾지 못하는 것도, 미스샷의 원인도, 심지어 스코어가 나쁜 것도 모두 캐디의 탓으로 돌린다면 이것은 골퍼로서의 소양이나 자질이 모자란 탓이리라. 한편 캐디도 전문 분야에 종사하는 직업인이라면 이에 따른 직분과 능력을 충분히 갖춰야 한다. 캐디 스스로 골프채를 운반하는 '기계'처럼 행동해서는 안 된다는 말이다.

다운스윙
Downswing

스윙 템포는 속도 줄여 일정하게

백스윙은 느리게 하면서도 다운스윙 때에는 급하게 클럽을 끌어내리는 골퍼가 많다. 다운스윙을 서두르면 여러 가지 미스샷을 유발하게 된다. 그렇다고 해서 톱스윙에서 한 템포 쉬게 되면 모처럼의 리듬이 깨지고 만다. 일련의 연계 동작에 브레이크를 거는 것과 마찬가지이다.

다운스윙이 빠르면 백스윙이 다 되기도 전에 클럽을 끌어내리기 쉽다. 그 결과 어깨는 덜 돌아가고 체중 이동도 완전치 못하다.

스윙이란 빠르면 빠른 대로 느리면 느린 대로 일정한 템포가 있어야 한다. 그러나 꼭 한 가지 알아야 할 것은 백스윙이 시작되는 속도와 다운스윙이 시작되는 속도는 같아야 한다는 사실이다. 이것이 골프 스윙의 리듬이다. 리듬이 살아야 몸이 클럽을 리드하는 스윙을 할 수 있기 때문이다.

공을 어느 정도의 힘으로 때리는 것이 좋을까. 타구마다 온 힘을 다해서 때릴 수는 없다. 아니 때려서도 안된다. 골프란 공을 컨트롤할 줄 알아야 하고 그래야만 좋은 스코어도 기대할 수 있기 때문이다.

일반적으로는 자기 능력의 80~85%의 힘으로 때리는 것이 18홀을 일관성 있게 플레이할 수 있는 요령이라고 한다. 그러기 위해서는 다운스윙의 속도를 떨어뜨려라. 무리한 스윙보다는 볼 컨트롤이 쉬운 자기 능력의 범위 안에서 여유 있는 스윙을 몸에 익히자.

공을 올려치는 스윙 감각을 익히자

처음 골프를 하게 되면 공이 뜨지 않는다. 그래서 공을 떠올리거나 긁어올려서 무리하게 띄우려는 경향은 초심자들의 공통된 결점이다. 이런 잘못된 타법을 고치지 않고서는 골프 스윙을 제대로 배우기란 어려운 일이다. 그렇다고 해서 이런 잘못된 스윙을 바로잡는 일이 생각처럼 어려운 것은 물론 아니다.

골프 스윙은 공을 손으로 토스할 때처럼 언더핸드 스윙이 이상적이다. 공을 뜨게 하기 위해서는 클럽헤드를 공 밑으로 가져가지 않으면 안된다. 클럽헤드는 백스윙 때의 궤도를 따라 다운스윙으로 이어진다는 말을 상기하기 바란다. 즉 클럽헤드는 올라간 자리로 다시 내려오게 마련이다. 공을 올려치려면 테이크백 때 클럽헤드를 낮게 끌어올려야 한다. 이런 스윙을 하게 되면 당연히 공 바로 밑을 때리면서 잔디는 얇게 떠지게 된다. 이것이 아마추어 골퍼, 특히 초심자들이 익혀야 할 전형적인 타법의 표준이다.

흔히 아이언샷은 위에서 아래도 내려치는 다운블로가 돼야 한다는 이론 때문에 초심자들은 클럽헤드를 급히 들어올렸다 내려찍고 있다. 다운블로라는 타법은 연습량이 충분한 골퍼에게나 해당되는 타법이다. 비록 다이내믹한 샷은 아니더라도 초심자들은 옆으로 쓸어치는 타법을 먼저 배우자. 그래서 공을 올려치는 스윙 감각을 몸에 익히자.

임팩트 때 왼손등이 아래쪽으로

톱스윙에서 클럽을 끌어내리면 드디어 공을 맞히게 되는 임팩트를 맞이하게 된다. 이때 중요한 것은 손목을 고정시키라는 것이다. 물론 이것은 초심자들을 두고 하는 말이다. 다운스윙 때 손목을 쓰게 되면 아주 작은 손끝의 힘만으로도 공을 멀리 날아가게 하는 잇점이 있다. 그러나 한편으로는 클럽페이스의 각도가 바뀌기 쉽기 때문에 공이 어디로 날아갈지 예측하기 어려운 위험 부담도 안고 있다. 임팩트 때 왼손의 손등이 클럽페이스와 같은 방향인 목표쪽을 보고 있으면 틀림없이 공은 똑바로 날아간다. 그래서 임팩트 때 왼손의 손등이 어드레스 때와 같은 상태로 되돌아오게 클럽을 끌어내려야 한다는 것이다. 그러나 이것은 어디까지나 이론과 이상에 불과한 것이고 실제로 스윙을 해보면 좀처럼 어드레스 때의 상태대로 클럽헤드가 되돌아오지는 않는다. 아무리 조심을 해도 약간은 왼쪽이나 오른쪽으로 방향이 바뀌게 된다. 그런데 임팩트에서 클럽페이스가 직각이 되게 하려고 해도 조금만 타이밍이 맞지 않으면 좌우 어느쪽으로든 방향은 바뀌게 된다.

이런 어려움을 극복하기 위한 방법으로 임팩트 때 왼쪽 손의 손등을 아래로 향하도록 하라. 즉 오른쪽 손목을 엎도록 하라. 그러면서도 톱스윙에서 폴로스루에 이르기까지 두 손목은 고정시켜라. 이렇게 해서 공을 곧바로 날아가게 하는 요령을 익혀라.

직구를 노린 다운스윙은 왼팔 중심으로

공은 임팩트 때 클럽헤드의 방향과 같은 방향으로 날아
간다. 그러나 이 방향이란 어디까지나 공이 티에서 떠날
때의 방향이지 날아가다가 훅이 된다든지 슬라이스가 되는
것은 클럽헤드의 방향과는 아무런 상관이 없다. 다만 공이
날아가는 방향은 '클럽헤드'의 방향과 일치하는 것이 아니
라 '클럽페이스'의 방향에 따라 결정되는 것이다. 즉 임팩
트 순간 클럽페이스가 ① 젖혀지면 슬라이스, ② 직각이면
직구, ③ 엎어지면 훅이 되는 것이다.

그래서 직선으로 날아가다 그대로 직선상에 떨어지는 스
트레이트볼(직구)을 치기 위해서는 임팩트 때 클럽페이스
가 목표선과 직각을 이루지 않으면 안되는 것이다. 어드레
스 때 클럽페이스를 목표선과 직각을 이루도록 하고 클럽
페이스 왼쪽 그립, 왼쪽 어깨를 연결하는 선을 직선이 되
게 하는 것도 이 때문이다. 그렇기 때문에 직구를 치려거
든 백스윙 때 어깨로 들어올리고 다운스윙에서는 왼팔로
끌어내려라. 좀더 세게 때리려고 오른팔을 쓰게 되면 임팩
트 때 클럽페이스의 방향은 왼쪽으로 틀어진다. 그렇기 때
문에 다운스윙 때 클럽을 왼팔로 끌어내리면 클럽페이스의
방향을 직각으로 유지할 수 있는 것이다.

흔히 골프 기술이 늘기 시작하면 자칫 어드레스 때 클럽
페이스를 젖히는 골퍼를 가끔 보게 되는데 이것은 미스샷
을 낳게 되는 원인이 되는 것이니 정통 이론대로 따르는
것이 현명한 일이다.

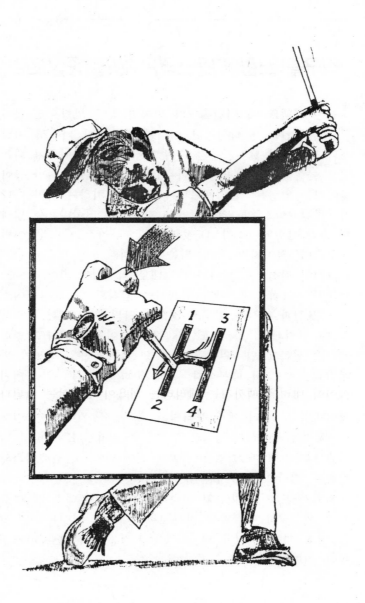

샷이 흔들릴 때 스윙 속도를 줄여라

보기 좋은 스윙 폼에는 일정한 템포가 있게 마련이다. 자기 체력에 적합한 템포를 지니는 것만이 좋은 스윙을 할 수 있는 비결이다.

일정한 템포로 스윙을 하기 위해서는 무엇보다도 지면을 밟고 있는 두 다리를 고정시켜서 하반신이 흔들리지 않아야 한다. 이것이 균형잡힌 스윙을 가능케 하는 원동력이 되는 것이다. 자기 파워를 최대한으로 살리는 스윙만이 바르고 긴 타구를 할 수 있다는 것은 이미 알고 있는 사실이다. 클럽헤드의 스피드는 임팩트 후 폴로스루에 이를 때 최고의 속도로 뻗어 나간다.

그런데 흔히 임팩트 때 스피드가 떨어지는 골퍼가 많다. 이것은 다운스윙에 들어가자마자 때리려는 의욕이 앞서서 어깨에 힘이 들어가고 스윙이 빨라지기 때문이다.

이렇게 스윙이 빨라지는 것을 막는 길은 두 손이 허리 높이에 내려올 때까지는 때리려는 의욕이 앞서서는 안된다는 것이다. 이렇게 평상시의 템포와 리듬에 이상이 생겨서 샷이 흔들릴 때는 항상 힘을 빼는 것부터 생각해야 한다. 거리에 대한 집착을 버리고 공을 정확하게 맞히는 것만을 생각하라. 이렇게 힘을 줄여서 몇 홀을 신중하게 플레이하게 되면 스윙 템포나 리듬은 정상으로 돌아올 것이다.

그러면 자기 본래의 히팅파워를 살려서 자신 있는 스윙을 계속하라. 또 한 가지 빨라진 스윙을 바로잡기 위해서는 무거운 클럽으로 연습 스윙을 하는 것도 효과가 클 것이다.

체중 이동은 발을 내딛는 요령으로

골프를 배우는 사람이면 누구나 빨리 잘 치고 싶어지는 것이 공통된 심리이다. 그러기 위해서는 무엇보다도 바른 스윙을 해야 하고 그것도 기계처럼 움직이는 합리적인 스윙을 배우지 않으면 안된다.

중심축을 움직이지 않고 클럽페이스의 방향이 틀어지지 않는 스윙…… 마치 기계가 대신해 주는 스윙처럼 말이다. 이것이야말로 공을 정확하게 맞힐 수 있는 가장 쉽고도 기복이 적은 타법인 것이다.

아무래도 초심자들이 가장 어려움을 많이 겪는 것은 체중 이동이다. 체중 이동을 잘못하면 상하로 춤을 추게 되고 전혀 이동이 없으면 공이 멀리 가지 않는다. 다운스윙 때 체중이 왼쪽에 실리지 않으면 타구에 힘이 없고 방향도 바로 가지 못한다. 톱스윙 때 오른쪽으로 옮겨간 체중을 그대로 둔 채 공을 때리면 어김없이 훅이 난다. 여기서부터 고민은 시작된다.

체중 이동의 폭이 클수록 힘 있는 히팅파워를 얻는 것은 틀림없지만 바른 체중 이동의 요령을 찾을 때까지는 그 폭은 작을수록 좋다. 백스윙까지는 아무 의식없이 클럽을 들어올려도 상체에 힘이 들어가면 다운스윙 때 체중은 오른발에 남게 된다. 또 체중 이동을 너무 의식하게 되면 스웨이가 되기 쉽다.

이상적인 체중 이동은 자연스럽게 이뤄져야 한다. 마치 걸음을 걷는 것과 같은 요령으로 다운스윙 때 오른발이 왼쪽으로 옮겨진다는 느낌을 가져라. 다만 오른발이 왼쪽으로 나가지 않는 것뿐이다.

아이언샷은 거리보다 방향이 중요하다

숏아이언은 제법 훌륭하게 컨트롤하면서도 롱아이언만 잡으면 별안간 초보자가 돼버리는 애버리지 골퍼가 많은 것은 무엇 때문일까. 모처럼 그린에 올릴 수 있는 기회에서 뒤땅을 치거나 토핑으로 또다시 실의에 빠지는 사람은 얼마나 많은가. 보통 수준의 골퍼에게 뒤땅을 때리는 것은 으레 따라다니는 당연한 병폐이지만 그 원인은 과연 어디에 있는 것일까.

유명 프로들의 아이언샷은 아무리 봐도 무리 없는 산뜻한 스윙으로 일관한다. 그러면서도 아마추어 골퍼처럼 힘들여 때리지도 않는다. 유명 프로들의 스윙이 그토록 가볍게 느껴지는 이유는 무엇일까.

프로 골퍼는 기껏해야 자기 능력의 80%의 힘만으로 공을 때린다. 속된 말로 젖 먹던 힘까지 동원해서 클럽을 휘두르는 우리들 아마추어 골퍼하고는 근본적으로 차원이 다르다. 아이언샷은 거리보다는 방향이 중요하다. 극단적으로 말하면 프로의 아이언샷은 모두가 컨트롤샷이라고 말할 수 있다. 그래서 롱아이언도 무리하지 않고 간결한 스윙을 할 수 있는 것이다. 거리가 짧은 것 같으면 하나쯤 긴 클럽을 잡으면 그만이다. 거리는 클럽에 맡기고 방향만을 중시하는 스윙을 하는 것이 프로들의 아이언샷이다.

우린들 못할 것이 없는 방법이요 요령이다. 즉 아이언샷은 클럽페이스 위에 공을 얹어서 날라준다는 감각으로 부드럽게 때리면 된다니 어디 한번 믿어보자.

다운블로는 티 끝을 때리는 요령으로

　롱아이언이 거리를 요구하는 클럽이라면 미들아이언, 숏아이언은 그린을 노리는 클럽이다. 즉 거리보다는 정확성이 요구되는 클럽이라 할 수 있다. 또 기본적으로는 롱아이언이 쓸어치는 타법인데 반해 미들아이언이나 숏아이언은 다운블로의 타법이라고 말할 수 있다.

　흔히 다운블로는 힘으로 때리는 타법이라고 자칫 생각하고 있는 골퍼가 많은데 이것은 잘못된 생각이다. 그렇다면 다운블로란 도대체 어떤 타법인가. 복잡한 이론적인 설명을 배제하고 좀더 쉽게 생각해 보자. "미들아이언이나 숏아이언은 위에서 공을 직접 내려치는 것이 원칙이다"고만 생각하라. 이때 왼손으로 스윙을 주도해야 함은 물론이다. 그러면 백스핀도 걸리게 되고 결과적으로는 잔디도 떨어져나간다. 이것이 다운블로의 타법이다.

　파3의 숏홀에서의 아이언샷은 공에 걸린 백스핀에 의해서 목표선상으로 날아가다 그린에 떨어지면 그 자리에 바로 멎도록 하는 것이 이상적인 타법이다. 이렇게 하기 위해서 공을 맞히고 나면 공을 올려놓은 티 끝이 부러져서 튕겨 날아가도록 때려야 하는 것인데 이것이 다운블로의 타법이다. 티 위에 놓인 공만을 떠내려고 하면 공에는 사이드스핀이 걸리기 쉽고 그 때문에 목표선에서 벗어나 그린에 올라가도 런이 많은 타구가 되기 쉽다. 티를 부러뜨리는 요령으로 다운블로의 타법을 배우자.

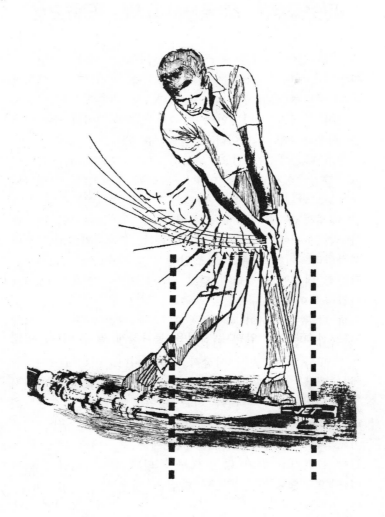

다운스윙은 바퀴 굴러가듯 부드럽게

불안, 초조, 긴장……. 이것들은 모두 골프 스윙을 해치는 요소들이다. 이것은 몸을 굳게 할 뿐만 아니라 타구 때 집중력을 잃어버리게 만든다. 이런 현상이 나타나는 원인은 스윙에 자신이 없기 때문이다. 이미 설명한 대로 '자신' '집중력' '정확성'은 골프에서는 어느 것 하나도 빠져서는 안될 요소들이다.

자신 없이 클럽을 휘두르면 그 결과가 미스샷으로 이어지는 경우는 무수히 경험하게 된다. 자신 없는 스윙은 다운스윙에서는 불안과 긴장에 싸여 몸이 굳어져서 의식적으로 공을 밀어내게 된다. 이때 그립을 힘껏 세게 잡으면 몸 전체가 뻣뻣해지는 것은 다 아는 사실이다. 스윙은 빨라지고 타이밍이 흐트러지는 것은 말할 것도 없다.

긴장을 풀고 힘을 뺀 스윙은 마치 페달을 밟았을 때 자전거의 뒷바퀴가 부드럽게 굴러가듯 다운스윙 때의 클럽헤드는 전속력으로 임팩트 지역을 통과하게 될 것이다. 이렇게 해서 다운스윙은 공을 맞히려는 데에만 연연하지 말고 몸 전체가 균형이 잡힌 완전한 스윙을 자신있게 할 수 있어야 한다. 그렇게 함으로써 클럽헤드의 스피드를 가속화시키는 데 주력해야 하며 그 다음 좋은 결과를 기대해도 실망하지는 않을 것이다.

자신감이란 연습을 통해서만 얻어지는 결과라는 것을 다시 한번 짚고 넘어가자.

장타의 원동력은 빠른 허리 회전에

　장타를 날리려면 아무래도 허리의 회전을 빼놓을 수 없다. 물론 허리만 돌린다고 스윙이 되는 것은 아니다. 무릎도 어깨도 팔도 중요하긴 마찬가지이다. 다만 이것들이 한 덩어리가 돼서 움직일 때만 골프 스윙은 완전해진다. 그러나 거리를 내는 원동력은 역시 허리에 있다.

　백스윙에서는 어깨가 주도권을 갖는다. 이때 허리는 되도록이면 적게 돌리는 것이 좋다. 허리는 얕게(45도 이내), 어깨는 충분히(90도) 돌아가야 한다. 이것은 그만큼 몸이 많이 꼬이게 되어 다운스윙에서 꼬인 몸을 풀 때에는 힘도 스피드도 커질 수 있는 것이다. 이것이 골프 스윙에서의 회전의 원리이다.

　이번에는 다운스윙을 살펴보자. 다운스윙은 허리가 주도권을 갖는다. 허리의 회전이 빠르면 빠를수록 클럽헤드의 스피드는 빨라진다. 물론 회전 방법이 나쁘면 스피드는 떨어진다.

　그러면 허리는 어떻게 돌려야 하는 것인가. 아마추어 골퍼는 허리가 목표 쪽으로 쫓아가는 경향이 많다. 다운스윙을 하반신으로 리드하지 못하고 어깨가 먼저 돌아가기 때문이다. 허리가 따라가면 몸의 회전은 늦어진다. 물론 왼쪽으로 허리를 밀어내면서 돌리는 방법이 없는 것은 아니다. 그러나 초보자들은 그 자리에서 허리만을 돌린다고 생각하라.

　벨트라인이 수평으로 돌아간다는 느낌으로 말이다.

뒤땅을 안 치려거든 공을 오른쪽에

연습장에는 으레 인조 잔디의 매트가 있다. 연습 매트 위에서 아이언샷을 하게 되면 어느 정도 뒤땅(매트)을 때려도 클럽헤드는 미끄러지면서 공은 맞아 나간다. 그런데 연습 매트 위에서마저 토핑을 하거나 뒤땅을 때린다면 맨 땅 위에 달라붙은 공을 정확하게 맞힌다는 것은 아무래도 무리한 일이다. 코스에는 맨땅 위에, 또는 맨땅같이 잔디가 말라붙은 곳은 얼마든지 있다. 정상적인 페어웨이라고 해서 그 상태가 다 같은 것은 아니다. 풀이 엉성하게 길게 자란 코스가 있는가 하면 풀이 짧고 빽빽하게 엉켜 있는 코스도 있다. 그것뿐이 아니다. 페어웨이 밑바닥이 푸석푸석 무른 땅이 있는가 하면 콘크리트처럼 딱딱한 땅도 있다. 이렇게 코스 상태가 다른 때에도 타법이나 공의 위치가 같을 수는 없다.

클럽헤드가 공 바로 밑으로 빈틈없이 들어가야 공은 제대로 맞는다. 그래서 연습공은 맨땅이나 고무판 위에서 때리는 것이 효과가 크다. 처음에는 공이 잘 맞지 않을 테지만 골프 기술은 어려움을 겪는 연습 과정에서만 는다는 것을 생각하면서……. 이런 연습을 통해서 경험을 쌓으면 딱딱한 잔디나 맨땅에서는 공을 약간 안쪽으로 놓아야 한다는 요령도 알게 될 것이다. 그렇다. 공의 위치는 상황에 따라 달라질 수 있는 것이다. 아니 달라지지 않으면 안되는 것이다. 그래도 토핑을 할 때에는 왼쪽 눈으로 공 오른쪽을, 뒤땅을 자주 치게 되는 골퍼는 오른쪽 눈으로 공 왼쪽을 보고 때리면 많은 도움이 된다는 것도 참고하기 바란다.

다운스윙은 정신 집중력이 좌우한다

남들처럼 연습공도 많이 쳤는데, 그래서 공은 그럭저럭 바로 가는데 한 바퀴(18홀)를 돌고 나서 스코어카드를 들여 다보면 오늘도 90은 깨지지가 않았다. 어디에 잘못이 있었 단 말인가. 하나 하나 뜯어봐도 샷 자체는 나쁘지 않았다.

다소 그린을 공략하는 요령이 부족한 것은 있었지만 그 래도 90고개를 넘지 못한 데에는 분명한 원인이 있었을 게 다. 공략 요령의 미숙도, 미스샷의 원인도 '집중력'의 부족 은 아니었던가.

골프 게임의 3요소 중 하나가 '집중력'이란 것은 벌써 몇 번인가 설명한 그대로이다. 흔히 집중력이라 하면 정신적 인 면만을 생각하기 쉬우나 이에 못지않게 체력의 뒷받침 을 빼놓을 수는 없다. 체력의 뒷받침이 없는 정신 집중이 란 완전한 것이 못된다.

이와 같이 정신과 체력이 결집된 스포츠로는 우리의 태 권도가 으뜸일 것이다.

태권도 선수들은 벽돌이나 두꺼운 나무판자를 맨주먹으 로 내려칠 때 아무런 장애나 저항을 받지 않는다고 굳게 믿고 있다. 이 같은 믿음은 단순히 물체를 때리려고만 하 지 않고 그것을 관통시키고야 말겠다는 강한 의지가 있기 에 초능력의 힘을 발휘할 수 있는 것이다. 이와 마찬가지 로 공을 꿰뚫을 수 있다는 강한 의지가 골프 스윙에 적용 된다면 클럽헤드의 스피드는 가속될 것이고 공은 똑바로 날아가서 90이 아니라 80의 고개도 쉬 넘게 될 것이다.

굴 속을 뚫고 가는 요령으로 타구를

티그라운드에 오르면 아무데나 티를 꽂는 골퍼는 없을 것이다. 아무리 페어웨이가 넓고 짧은 코스라 해도 어느 한 곳에는 장애물이 있게 마련이다. 이 장애물을 피하기 위한 치밀한 계산을 하게 된다. 만일 아무 장애물이 없는 편편한 코스라면 자기 구질에 맞는 위치를 선정하기 위한 현명한 방법을 택할 것이다. 코스의 지형을 이용하는 것도 코스 공략의 한 방법이다. 자기가 싫어하는 방향에 장애물이라도 있다 보면 마음은 불안해진다.

골프에서 불안이란 자신을 잃게 하고 집중력을 흐리게 한다. 때로는 코스의 아름다운 경관에 압도당하기도 하고 때로는 험악한 장애물 때문에 공포마저 느끼게 된다. 이런 때에는 차라리 좋은 경치나 장애물이 안 보이는 것만 못하리라.

이런 심경은 비단 티샷에서만 일어나는 것은 아니다. 페어웨이샷에서도 얼마든지 겪게 되는 정경이다.

주말 골퍼의 대부분은 막상 공을 치려고 할 때 필요 없는 사물들까지 바라보게 된다. 넓은 페어웨이 좌우 전방에 흩어져 있는 해저드까지도 시야에 들어와서 어디로 때려야 할지 가늠할 수 없는 공포에 휩싸이게 된다. 보이는 것이 오른쪽 연못뿐이라면 그곳만 피하면 되겠지만…….

경험이 많은 플레이어는 공이 날아가는 길만을 상상하는 능력이 있다. 공을 때릴 때에는 공이 날아가서 떨어지는 지점을 터널로 덮어버려라. 그래서 신경이 쓰이는 장애물을 의식하지 말라.

오른손은 공을 맞힌 후에 써야 스윙 정확

어드레스에서 톱스윙까지 왼팔을 펴고 이상적으로 클럽을 끌어올려도 다운스윙 때 오른손을 너무 빨리 쓰면 안정된 타구는 기대하기 어렵다. 무리해서라도 공을 멀리 보내고 싶은 것은 골퍼라면 누구에게나 솟구치는 욕망이다. 그래서 힘이 센 오른손으로 때리게 된다. 이런 스윙은 자기 자신도 깜짝 놀랄 정도의 장타가 나기도 하지만 그 확률은 10%에 불과할 것이다.

골프가 아무리 거리의 경기라고는 하지만 10타 중 1타의 나이스샷보다는 10타 중 9타의 정확한 타구가 필요하다. 그러면서 조금씩 거리를 늘리는 기술을 습득하는 것이 골퍼의 현명한 자세이다.

백스윙에서 왼팔을 펴고 평범한 타구를 할 수 있을 때 확률이 높은 굿샷의 타법을 배우도록 하자.

골프 클럽이나 골프공의 제조회사가 제품의 성능을 시험하는 스윙머신이란 게 있다. 이 기계는 왼쪽 팔 하나만으로 스윙하게 돼 있다. 그래서 항상 일정하게 정확한 스윙을 할 수 있는 것이다. 이 기계처럼 왼팔만으로 클럽을 끌어내려라. 오른손은 클럽에 붙여서 따라 내려오다 오히려 공을 맞히고 나서 폴로스루를 도와주라. 이런 감각으로 공을 때리면 기록적인 장타는 없을지 모르나 공은 가볍게 맞으면서 생각보다 멀리 날아갈 것이다. 물론 이것은 아마추어 골퍼, 특히 초보자를 위한 제언임을 잊지 말기 바란다.

남의 잘못된 스윙 보고 내 스윙 바로잡자

좋은 것을 본받거나 흉내라도 내는 것은 참으로 좋은 일이다. 이와는 반대로 좋지 못한 것이나 잘못된 것이 결코 본받을 만한 대상이 아님을 우리는 잘 알고 있다. 그러나 이론보다는 몸으로 익혀야 하는 골프 스윙에 있어서는 사정이 좀 다르다. 초보자가 스윙을 배울 때 스윙이 좋은 골퍼에게서는 별로 배울 것이 없고 오히려 잘못된 스윙을 하고 있는 골퍼에게서 많은 것을 배울 수가 있다면 지나친 궤변이 되고 마는 것일까. 아니다. 이것은 결코 헛된 말장난이 아니라 스윙을 바로잡는 바르고도 간단한 효과적인 발상이다. 흔히 잘못된 스윙을 본받으면 자기 스윙도 망가진다고 한다.

스윙이 나쁜 사람의 구질에서 자기의 잘못된 구질(혹이나 슬라이스 같은)의 원인을 찾아보자. 골퍼가 자기의 결점을 스스로 알기는 어렵다. 만일 슬라이스에 시달리는 사람은 슬라이스공을 때리는 사람의 스윙을 유심히 지켜보라. 그리고 나서 그와 똑같은 스윙을 자기도 해보라. 그러면 틀림없이 슬라이스가 날 것이다. 날아가는 공을 보면 슬라이스라는 것을 누구도 바로 알 수 있다. 그러나 왜 슬라이스가 나는지 그 원인을 알고 있는 골퍼는 많지 않다. 그런데 슬라이스 공을 때리고 있는 사람의 스윙을 보면 그 원인을 쉽게 알 수 있기 때문에 남의 나쁜 스윙이 내 자신의 스윙을 바로잡는 좋은 표본이 되는 것이다.

티샷은 페어웨이 한복판을 노려라

 지형을 이용하거나 장애물을 피해서 코스를 공략하는 것
은 널리 알려진 골프 게임의 요령이다. 그러나 이것은 누
구에게나 해당되는 말은 아니다. 적어도 프로 골퍼와 스크
래치 플레이어(핸디캡이 없는 아마추어 골퍼)에게나 합당
한 코스 공략의 요령이다. 아니면 혹이나 슬라이스처럼 고
질적인 구질을 가진 골퍼에게만 필요한 방법이다.

 장애물은 대개 수준급 골퍼의 거리를 감안한 위치에 만
들어지는 것이 코스 설계의 기본이다. 그러니 드라이버의
거리가 짧은 또박또박형의 골퍼와 초보자들은 굳이 장애물
을 피해 가면서 공을 칠 필요는 없는 것이다. 이들에게는
코스가 생긴 대로 공략하는 것이 분수(핸디캡)에 맞는 플
레이 요령이다(참고로 우리나라 아마추어 골퍼의 평균 거
리는 170 m 정도이다).

 티샷을 어디로 때리면 좋을까 하고 망설이는 것은 수준
급 이상의 골퍼에게나 해당되는 사전 계획이다. 초보자는
코스의 생김새대로 페어웨이 중앙을 노리면 그렇게도 쉬운
것을 왜 분수에 맞지 않게 고민하고 있었단 말인가.

 타석에 들어선 야구 선수를 상상해 보라. 타석에서 바라
본 야구장의 중앙은 2루다. 야구에서 타자가 2루를 겨냥하
듯 골퍼는 페어웨이 한복판을 노려라.

마지막 홀까지 최선을 다하라

골프를 생각하면 생각할수록 우리 인생을 생각하게 된다. 티샷은 인생의 출발이요, 그린 위의 홀컵은 인생의 종착역이다. 희로애락의 반복되는 인생살이처럼 골프 코스에도 페어웨이와 장애물이 있어 누구에게나 반복되는 기쁨과 역경이 공존한다. 공 하나에 정성을 다하고 팅그라운드에 설 때마다 새로운 의욕은 불타오른다.

나이스샷은 다음 홀에의 희망이고 미스샷을 회상하며 새로운 코스 공략을 설계한다. 이를 통해 똑같은 실수(미스샷)는 절대로 되풀이 해서는 안된다는 귀중한 교훈을 배운다. 나이스샷(성공)의 오만도, 미스샷(실패)의 비관도 없는 오직 겸손과 용기 그리고 마지막 홀까지 최선을 다하는 끊임없는 노력 속에 우리의 골프 인생은 자라난다.

골프란 자기 자신의 기술적 숙련과 스포츠맨십에 도전하는 게임이며 모든 고난과 불운을 있는 그대로 받아들여 감수해서 정정당당하게 싸워 이기는 게임인 것이다. 페어플레이 정신을 바탕으로 고난 속에 빠졌을 때 낙담하지 않고 불운을 원망하지 않으며 최선을 다하고 뒤돌아봐서 조금도 후회없는 플레이를 하는 것이 골퍼에게는 무엇보다도 값진 것이고 큰 기쁨이다. 또 그래야 건강에도 좋다.

페어플레이와 극기의 정신을 통해 서로 신뢰하고 존중하며 상대방에 대해서는 예의와 친절을 그리고 관용의 미덕까지 베푸는 골퍼만이 골프의 참맛을 맛볼 수가 있을 것이다. 이것이 골프의 기본 정신이고 골퍼의 자세이다. 스코어가 90이면 어떻고 100이면 어떠랴. 우리 모두 떳떳한 승자(Good Winner)가 되고 훌륭한 패자(Good Loser)가 되리라. 홀인원의 밝은 꿈을 안자.

피니시

Finish

스윙은 의식적으로 컨트롤해서는 안된다

골프는 피니시까지가 스윙이라고 한 말을 기억할 것이다. 그런데 일반적으로 공을 맞히고 나서 피니시에 이르는 폴로스루를 제대로 하고 있는 아마추어 골퍼는 많지가 않다. 피니시 자체는 90점 정도의 골퍼도 폴로스루의 동작만을 떼놓고 보면 50점도 안된다.

왜 그럴까. 공을 때리고 나면 바로 손목을 엎어야 한다든가, 왼쪽 팔꿈치를 꺾어야 한다든가 하는 의식이 강하게 작용해서 모르는 사이에 폴로스루를 억지로 만들어내기 때문이다. 골프 스윙이란 지극히 자연스럽고 감각적이어야 한다고 하지 않았던가.

또 하나 폴로스루가 잘 안되는 이유는 어깨가 충분히 돌아가지 않는 데 원인이 있다. 임팩트에서 폴로스루로 이어지는 연속 동작에서 왼팔은 분명히 뻗어 있을 것이다. 그러면서도 어깨가 충분히 돌아가면 문제될 것은 없겠지만 아마추어 골퍼는 어깨의 회전이 부족한 것이 흠이다. 여기에 오른손이 왼손을 따라가지 못하는 현상이 나타나게 된다. 이때 순간적이긴 하지만 잘못된 것을 알아채고 의도적으로 왼손을 꺾어 피니시를 하게 되면 폴로스루는 작아지고 보기에도 답답한 자세가 되고 만다. 이렇게 골프 스윙에서 의식적으로 몸의 움직임을 강요한다면 이상적인 폴로스루는 할 수 없게 되는 것이다. 그러니 공을 맞히고 나면 어깨를 돌리면서 클럽을 목표 쪽으로 던져주라. 이 감각을 찾는 것만이 스윙을 완성시키는 요령인 것이다.

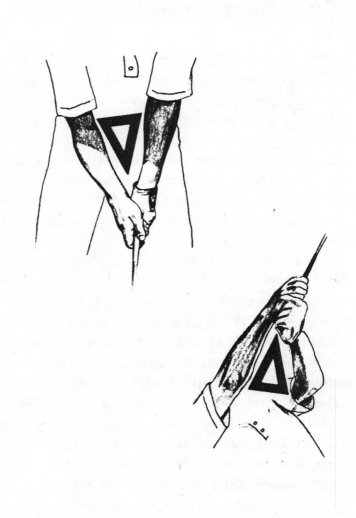

강한 임팩트는 완전한 체중 이동으로

　유명 프로들의 스윙을 보면 톱스윙에서 임팩트까지 클럽
헤드의 스피드보다 임팩트 후 폴로스루에 이르는 스피드가
더욱더 빠르게 느껴진다. 그러나 애버리지 골퍼의 헤드스
피드는 임팩트 전까지는 빠르지만 그 다음은 힘이 빠지면
서 마치 폴로스루가 없는 스윙으로 끝나 버리고 만다. 왜
이런 현상이 일어나는 것일까. 그것은 손으로 때리는 비중
이 커서 임팩트가 스윙의 종점이라는 생각으로 다운스윙을
하기 때문이다. 그러나 톱 프로들은 강한 발의 힘을 활용
한 몸의 회전으로 공을 때리기 때문에 보기에도 임팩트 이
후의 헤드스피드는 빠르게 느껴진다. 그들은 한결같이 클
럽과 왼팔이 일직선을 이루는 어드레스에서 왼쪽 어깨, 왼
쪽 허리, 왼쪽 무릎이 한 덩어리가 되어 테이크백을 하고
있다. 몸의 회전을 받쳐주고 있던 두 발은 톱스윙에서는
왼발 뒤꿈치를 떼어 오른발에 체중을 놓았다가 왼쪽으로
체중 이동을 하면서 다운스윙을 시작한다. 마치 기계처럼
빈틈없이 움익이는 완벽한 체중 이동이다.
　또한 어드레스 때 만들어지는 두 팔 사이의 삼각형은 톱
스윙, 임팩트, 피니시 때까지도 흐트러지지 않는다. 즉 그
립은 몸과 클럽의 이음새 역할뿐이지 손으로는 특별한 재
주를 부리지 않고 오직 몸의 회전으로만 때리고 있음을 볼
수 있다.
　옳다. 잔재주는 부릴 때마다 기교나 움직임이 달라지지
만 몸이 중심이 된 회전 운동이야말로 힘 있는 스윙의 원
동력이 아니겠는가.

피니시는 안정된 스윙에 맡겨라

흔히 피시니를 염두에 두고 다운스윙을 하라고 한다. 그러나 처음부터 피니시를 염두에 두고 스윙하게 되면 도중에 불필요한 힘이 들어가거나 진작 요긴할 때 힘을 못 쓰게 되어 리듬이 깨지게 된다. 특히 임팩트 전후 팔에 힘이 들어가면 클럽헤드를 마음껏 휘두를 수 없게 된다. 피니시란 어디까지나 스윙하고 난 후의 결과인데 이 결과의 자세를 미리 목표로 삼고 스윙하게 되면 우스꽝스럽다는 말이다. 참으로 그럴 듯한 말이다. 공을 때리는 목적은 휘지 않고 멀리 보내는 데 있다(어프로치샷을 제외하고는). 그래서 스윙은 임팩트에서 폴로스루까지가 중요하다는 것이다. 즉 폴로스루는 클럽헤드가 달아나는 방향대로 내버려둬야 한다. 이런 요령과 감각으로 스윙을 하면 상체나 팔에 힘이 들어가지 않고 편안하게 여유 있는 스윙을 할 수 있게 될 것이다. 그렇다고 지나치게 힘을 빼는 것도 금물이다. 특히 왼손 그립이 느슨해지면 피니시에 이르기 전인 폴로스루 때 왼손이 오른손 힘에 눌려 손목이 꺾이게 된다. 초보자가 토핑이나 뒤땅을 치게 되는 원인이 대개 이런 경우인데 이것을 막으려면 왼손 세 손가락만은 확실하게 잡아줘야 한다. 그렇다고 너무 힘을 넣어 꽉 잡으면 왼쪽 팔이나 왼쪽 어깨까지도 굳어져서 몸이 제대로 돌아가지 않는다.

억지로 피니시 자세를 만들어내지는 말자. 피니시는 어디까지나 스윙 후 이뤄지는 자연스러운 자세임을 잊어서는 안된다.

임팩트부터가 스윙이라 생각하라

스윙은 빠르면 빠를수록 흔들리기 쉽다. 백스윙이 빠르면 클럽이 완전히 올라가기도 전에 다운스윙으로 이어진다. 더우기 임팩트에서는 오히려 힘이 빠져서 헤드스피드가 떨어지는 경향까지 일어난다. 그래서 백스윙은 물론 임팩트까지의 다운스윙은 천천히 하는 것이 바람직하다.

또 한 가지 백스윙과 다운스윙 때 손목을 잘못 쓰면 미스샷의 원인이 된다.

특히 임팩트 때 손목을 잘못 쓰면 타구는 제멋대로 달아난다. 임팩트 때 손목은 꺾는 것이 아니라 돌려줘야 한다. 오른손을 기준으로 하면 엎어주는 것이 되고 왼손을 기준으로 한다면 왼손의 등이 땅으로 향하도록 틀어주면 된다. 그런데 오른손을 엎어주든 왼손을 틀어주든 그것은 자기 감각에 달려 있는 것이지 결코 어느 한쪽만을 고집할 필요는 없는 것이다. 그렇다고 해서 오른손으로 때리는 것은 금물이다. 어떤 경우에도 스윙은 왼손이 리드해야 한다는 것을 잊어서는 안된다. 정확한 스윙을 하기 위해서는 테이크백을 서둘러서는 절대로 안된다. 누구나 장타를 의식하면 스윙이 빨라지기 쉽다. 스윙을 빨리 한다고 헤드스피드도 빨라지는 것은 아니다. 임팩트 직후의 스피드가 빨라야 공은 멀리 날아간다. 그래서 스윙은 임팩트부터 시작되는 것이라고 생각하면 보다 효과적이고 정확한 타구를 할 수 있게 될 것이다.

피니시는 벨트버클을 목표 쪽으로

프로 골퍼도 피니시가 제대로 안될 때에는 미스샷이 되는 것은 흔히 있는 일이다. 이처럼 피니시는 골프 스윙에 절대적인 영향을 미친다. 이처럼 중요한 피니시를 왜 못하는 것일까.

초보자나 제법 골프에 익숙한 일반 골퍼까지도 피니시가 잘 안되는 원인은 공을 때리는 데에만 정신이 팔려서 스윙 전체의 균형을 잊어버리고 말기 때문이다. 머리를 중심으로 좌우 양쪽으로 자기 스윙의 크기나 높이를 확인하는 습관을 기르면 반드시 균형은 잡히게 된다.

공을 때리고 나서 피니시 자세를 보면 어떤 스윙을 했는지 한눈에 알아볼 수가 있다. 공을 끝까지 때려주지 못하고 그저 맞히기만 하는 스윙이라면 대개는 백스윙만 있을 뿐 폴로스루가 없는 스윙을 하고 있을 것이다. 다운스윙 때 체중이 완전하게 왼쪽으로 옮겨져 있지 않을 것이고 그 결과 상체와 허리는 끝까지 돌아가지 않을 것이다. 그뿐만 아니라 손도 제대로 쓰지 못하게 될 것이다.

공을 끝까지 때려주기 위해서는 벨트의 버클(배꼽)을 목표 쪽으로 완전히 돌아가도록 폴로스루를 하지 않으면 안된다.

그러면 체중이 왼쪽에 실려서 좌반신은 완전하게 돌아가기 때문에 클럽헤드의 스피드는 가속되면서 공을 끝까지 때려줄 수 있게 될 것이다. 피니시에서는 클럽을 잡은 두 손은 높게 올라가서 체중 이동의 여세가 오른발에 돌아오면서 몸은 균형을 이루게 될 것이다.

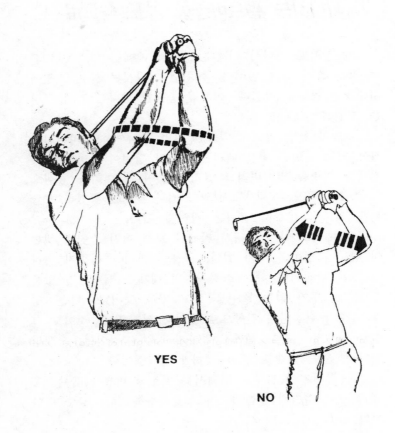

YES

NO

피니시는 두 팔꿈치를 서로 모아야

스윙이 끝나고 나서 피니시 자세가 흐트러져 있으면 대체로 나이스샷은 적게 마련이다. 프로 골퍼뿐만 아니라 뛰어난 아마추어 골퍼의 피니시는 안정돼 있다.

이것은 피니시가 좋아야 스윙 자체도 좋다는 말로 해석될 수 있다. 그렇다면 어떻게 하면 피니시 자세를 일정하게 할 수 있을까. 여기서 골프 스윙은 피니시까지가 스윙이라는 말을 다시 한번 떠올려 보자. 피니시를 전제로 한 스윙을 무의식 중에도 할 수 있어야 한다. 그러기 위해서는 공을 때리기 전에 연습 스윙이나 연습장에서 피니시를 생각하는 스윙 연습을 통해서 해결할 수 있는 것이다.

숏게임을 제외하고 모든 풀스윙 때의 피니시는 두 팔꿈치가 서로 적당히 좁혀져 있지 않으면 안된다. 이런 피니시를 하게 되면 스윙의 중간 과정인 임팩트 때 클럽페이스는 자동적으로 공을 직각으로 맞히게 된다. 이것은 어드레스와 백스윙, 폴로스루 때의 삼각형의 원리와 동일한 설명이다. 슬라이스 때문에 고민하는 사람의 대부분은 스윙하는 동안에 두 팔꿈치가 벌어져서 공을 맞힐 때 클럽페이스가 공을 빗겨 맞기 때문이다. 그래서 결코 바람직하지 않은 사이드스핀이 걸리면서 슬라이스가 난다.

피니시 때 두 팔꿈치를 모이게 하려면 어드레스 때부터 두 팔꿈치가 밑을 보고 있으면 된다. 이 자세를(또는 삼각형이) 피니시까지 지속시키면 직구 강타를 때릴 수 있는 스윙이 되는 것이다.

밸런스는 피니시 포즈로 안다

무리한 백스윙은 다운스윙뿐만 아니라 피니시까지도 제대로 되지 않는다.

그래서 백스윙의 중요성이 강조되는 것이다. 그러면 피니시란 어떻게 되는 것이 이상적인가. 몸의 움직임이란 앞뒤가 서로 같았을 때 가장 편하게 움직인다. 골프 스윙에서도 마찬가지여서 백스윙이 끝나는 톱스윙과 피니시는 클럽의 높이나 자세를 그대로 뒤집어놓은 상태(좌우 대칭)인 자세가 가장 바람직한 균형잡힌 자세이다. 그래서 공을 칠 때에는 먼저 피니시를 염두에 두고 확인하는 습관을 길러야 한다.

피니시를 전제로 하는 스윙을 해야 한다고 했지만 그 방법으로는 먼저 공을 맞히고 나서 클럽을 던질 줄 알아야 한다. 그것도 과감하게 던져주라. 그래야 클럽헤드의 스피드도 완전한 체중 이동도 정상으로 돌아가기 때문이다.

피니시가 잘못되면 몸의 균형도 무너지고 공도 멀리 날아가지 않는다.

스윙하는 동안 좋게 밸런스를 유지하는 효과적인 방법은 피니시 자세를 찍히는 모델이라고 생각하라. 이렇게 정지된 상태를 몇 초 동안 흔들림 없이 지속할 수 있으면 균형잡힌 자세로 클럽을 휘두른 증거이다. 이것은 한없이 반복할 수 있는 스윙을 할 수 있게 하고 당연한 일이지만 일관되고 정확한 타구를 할 수 있게 해준다. 피니시 때 몸이 뒤틀리게 되면 스윙이 잘못 됐다고 생각하고 스윙을 바로잡는 것부터 다시 시작하라.

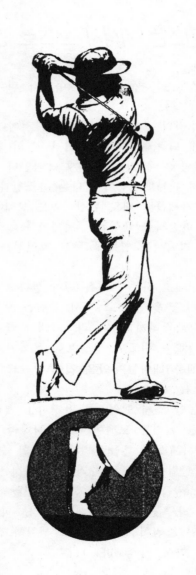

피니시는 모든 체중을 왼발에 실어야

프로 골퍼의 스윙을 보면 백스윙 때 클럽헤드가 일정한 지점까지 올라가고(톱 오브 스윙) 스윙이 끝나면(피니시) 몸이 흔들리지 않고 균형을 이루고 있음을 알 수 있다. 골프에서 손과 팔은 스윙을 주도하고 두 발은 리듬과 몸의 균형을 조절한다고 한다. 즉 두 발은(때로는 무릎까지도) 리듬과 균형을 유지하는 원천이고 원동력이다. 바꿔 말해서 두 다리가 정확하게 움직이지 않으면 그 스윙은 엄격한 의미에서의 골프 스윙이 될 수는 없는 것이다. 판에 박힌 백스윙(톱 오브 스윙)과 완벽한 피니시——이것이 골프 스윙의 전부이다. 백스윙이 공을 바르게 맞히는 기초 동작이라면 피니시는 공을 멀리 바르게 보내는 마무리 동작이다. 스윙의 종점인 피니시를 제대로 할 수 있는 방법은 기술이 아니라 요령이다. 그러면 피니시란 어떻게 하는 것일까. 피니시란 체중을 완전히 왼발 쪽으로 옮기는 동작이라고 생각하면 쉽게 이해할 수 있을 것이다. 클럽을 완전히 던지고 나서 왼발 하나만으로 몸이 흔들리지 않고 균형잡힌 상태로 설 수 있으면 만점이다. 그렇다고 피니시 자세만으로 스윙의 좋고 나쁨을 판단하는 것은 잘못된 기준이다.

몸의 유연성에 따라 피니시 자세는 달라지기 때문이다. 몸이 유연하면 활처럼 휠 것이고 딱딱하면 그렇지 못할 것이다. 그렇다고 아무리 몸이 굳어 있어도 수직으로 세울 수는 있어야 한다. 이토록 자기 몸에 맞는 피니시 자세를 찾아낼 때 자기 능력을 최대한으로 발휘할 수 있을 것이다.

스트로크플레이서 '퍼팅 기브' 없다

골프 게임은 규칙에 따라 연속적인 스트로크로 팅그라운드에서 홀에 넣을 때까지 한 개의 공을 플레이하는 것으로 성립된다. 이 골프 게임의 일반 규칙의 기본 정신에 의하면 퍼팅 그린에서 공을 바꿔서는 안되며 어떤 경우에도 반드시 홀아웃을 해야 한다는 것을 알 수 있다. 그런데 어프로치샷이 핀에 붙으면 '기브' 거리에 붙었다 하고 퍼팅한 공이 홀컵 가까이 가면 '기브'라고 해서 공을 집어올린다.

골프 규칙은 매치 플레이와 스트로크 플레이에 따라 규칙 적용을 달리한다. 홀아웃을 원칙으로 하는 스트로크 플레이와는 달리 매치 플레이에서는 퍼팅 그린에서 '상대방의 공이 멎거나 멎었다고 인정될 때 플레이어는 상대방이 다음 스트로크(1타)로 홀아웃한 것으로 인정해서 공을 집어올릴 수 있다'고 규정하고 있다. 골프 게임은 창안 당시부터 매치 플레이로 출발하고 성행해 왔으나 지금은 스트로크 플레이의 전성 시대이다. 골프 인구가 늘어남에 따라 골프장은 평일에도 만원이고 대혼잡을 이룬다. 그렇기 때문에 느린 플레이가 어느 나라에서나 골퍼의 가장 큰 고민거리이다. 플레이를 빨리 한다는 이런저런 이유를 붙여서 핀 가까이 붙은 상대방의 공을 'OK' 또는 '기브'라고 해서 다음 타구를 면제하고 1타로 홀아웃한 것으로 간주하는 미풍(?)이 만연하고 있다.

때려도 꼭 들어갈 수 있는 상황(거리, 경사)에서의 '기브'는 상대방이 나에게 베푸는 선심(?)이지 결코 강요해서는 안된다. 그러나 스트로크 플레이에서 퍼팅의 '기브'란 있을 수 없다는 것쯤은 골퍼라면 알아야 할 기본 상식이다. 참고로 홀아웃을 하지 않으면 가장 무거운 벌인 경기 실격임을 알아두자.

슬라이스
Slicing

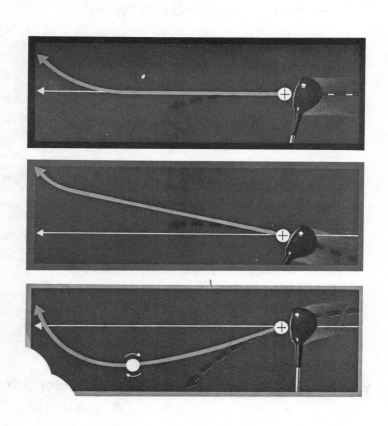

슬라이스 교정은 단계적으로

초보자의 대부분, 일반 골퍼의 60% 이상이 슬라이스 때문에 고민하고 있다. 때로는 불치의 병처럼 말기 증상을 일으키고 있는 사람마저 있으니 슬라이스란 골퍼에게는 괴로운 타구임에 틀림없다. 더욱이 아무리 좋은 약(타법)을 써봐도 쉽게 낫지 않으니 문제는 심각해진다.

이런 때에는 반대로 혹이 나도록 타법을 고쳐보는 것도 한 방법일 게다. 그러나 지금까지의 타법을 별안간 바꾸면 몸은 오히려 거부 반응을 일으키기 쉬우니 한번에 하나씩만 고치도록 하자. 어차피 골프란 평생을 두고 연습을 거듭하는 스포츠가 아닌가.

골프 스윙에는 기본이 있고 원리가 있다. 기본대로의 스윙, 원리에 맞는 타법을 찾지 못하면 슬라이스나 혹이 나게 마련이다. 슬라이스의 원인을 살펴보면, ① 그립이 잘못 됐을 때, ② 스탠스가 오픈 스탠스일 때, ③ 어드레스 때 허리 어깨가 열려 있고 클럽페이스가 젖혀졌을 때, ④ 다운스윙이 빨라서 손으로만 때리면서 체중 이동이 제대로 안됐을 때, ⑤ 클럽헤드가 목표선 밖에서 안쪽으로 들어올 때(아웃사이드 인), ⑥ 임팩트 후 왼쪽 팔꿈치를 뒤로 뺄 때……등 예를 들자면 끝이 없다. 그러나 결국은 이 가운데 어느 하나에 해당되는 스윙을 하기 때문에 슬라이스는 나게 되는 것이다. 분명히 슬라이스란 반드시 고치지 않으면 안되는 '병'이지만 지금까지의 스윙 습관에 위화감을 주지 않을 정도로 조금씩 치유하는 것이 바람직하다.

퍼터 요령이 슬라이스를 고친다

주말 부킹은 고사하고 연습장마다 만원이다. 바야흐로 골프 대중화의 막은 열린 것 같다. 모두들 열심히 연습공을 때린다. 그러나 슬라이스의 경연장 같은 광경을 보게 되니 마음은 우울해진다. 골프를 일찍 시작했다는 것만으로도 책임을 느낀다. 슬라이스는 왜 나는 것일까.

골프…… 스윙…… 또 골프…… 스윙…… 아무리 생각해도 골프는 스윙이 전부이다. 비지땀을 흘리며 군살을 빼는 중이라고 한다면 할 말은 없다. 그러나 공을 바로 보내기 위해서라면 잠깐 스윙을 멈추라.

아무리 퍼팅의 명수라도 퍼터로 슬라이스 공을 때릴 수 있는 기술은 누구에게도 없다. 뿐만 아니라 초보자도 퍼터로 때려 보면 슬라이스는 나지 않는다. 그것은 바로 끌었다 바로 목표 쪽으로 내던지기 때문이다. 왜 이렇게 기막힌 스윙의 기본을 무시한단 말인가. 퍼터로 공을 때릴 때에는 몸도 흔들리지 않고 몸 중심에서 공을 맞히면서……

이것이 스윙의 기본이다. 퍼터페이스를 똑바로 목표 쪽으로 던져주지 못하면 공은 바로 가지도 않고 몸 정면에서 때려주지 않으면 공은 30 m 도 날아가지 않는다.

골프 기술이란 하루 아침에 이뤄지는 것은 아니다. 너무 서두르지 말자. 초보자라면 3개월 정도 연습공을 때려보자. 최소한도 슬라이스가 나지 않을 때 코스에 나가자. 10년 경력의 골퍼가 슬라이스 때문에 고민한다면 기본부터 다시 시작하자.

골프의 재수생이란 결코 불명예스러운 것은 아니기 때문이다.

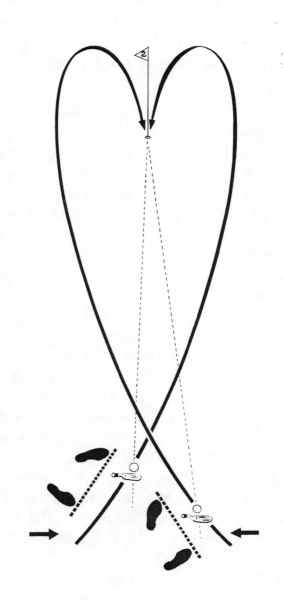

클로즈드 스탠스로 슬라이스를 막자

타구의 방향은 공을 맞힐 때의 클럽페이스의 방향에 따라 결정된다. 그래서 직구도 슬라이스볼도 훅볼도 칠 수 있는 기술이 있을 수가 있는 것이다. 클로즈드 스탠스는 백스윙 때 클럽을 안쪽으로 끌기가 쉬울 뿐만 아니라 다운스윙 때 오른쪽을 목표 쪽으로 던지기도 쉽기 때문이다. 그러면 클럽헤드는 안쪽에서 밖으로(인사이드 아웃) 나가게 되어 공을 깎아치는 경향은 훨씬 줄어들게 될 것이다.

아마추어 골퍼가 오랫동안, 어쩌면 평생에 걸쳐 슬라이스 때문에 시달리는 것은 공을 멀리 보내려는 의욕이 강해서 기본대로의 스윙을 못하기 때문이다.

슬라이스병에는 훅이 특효약이다. 그래서 스탠스를 클로즈드 스탠스로 바꿔 보자는 말이다. 초보자가 훅볼을 칠 수 있을 때 100의 벽도 90의 목표도 쉽게 무너뜨릴 수가 있는 것이다.

슬라이스가 나거든 이것 저것 많은 생각을 하지 말자. 스윙의 원리도 알기 전에 어째서 무릎을 넣으려고, 허리를 돌리려고 무리한 생각을 하는가 말이다.

다운스윙 때 겨드랑이만 몸에 붙여 내려오면 손으로만 때려도 공은 똑바로 날아간다. 이렇게 해서 자신이 붙거든 무릎도 넣고 허리도 돌려서 장타의 쾌감을 만끽하자. 톱스윙에서 허리도 무릎도 움직이지 않는다는 생각으로 공을 때리면 허리가 빠지거나 열려서 밖으로 달아나던 힘을 막아주는 왼쪽 벽이 생겨서 공은 비교적 바로 날아갈 것이다.

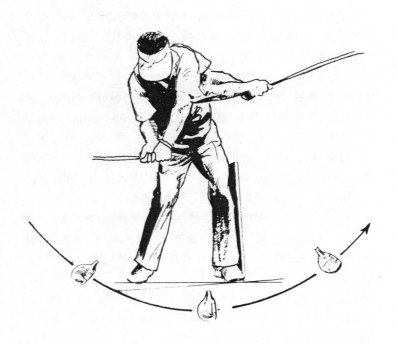

슬라이스는 허리가 일찍 빠지기 때문

몇년 동안 골프를 하고 있어도 슬라이스뿐이지 혹은 한 번도 나 본 적이 없다.

한번이라도 좋으니 혹공을 때려 봤으면…… 이렇게 탄식하는 '중환자'는 의외로 많다. 혹을 낼 수 없으니 슬라이스를 고칠 수 없는 것은 당연한 일이다. 골프에서 자신감이란 매우 중요한 작용을 한다. 이 자신감은 경험을 통해서만 얻어지는 것이다. '백문이 불여일견'이라 하지 않았던가. 과연 나는 혹공을 때릴 수 없는 것일까. 이런 방법을 택해 보자.

지금까지 어떤 그립을 하고 있었든간에 베이스볼 그립(야구 선수처럼)으로 바꿔 보라. 공은 끌어당겨져서 한두 개는 혹볼이 나올 것이다. 이렇게 해서 나도 혹볼을 때릴 수 있다는 자신감을 갖게 되면 본격적으로 슬라이스를 해소하는 연습으로 들어가라.

슬라이스에도 백인백색이라고 할 만큼 사람에 따라 그 원인도 많다. 그러나 공을 때릴 때 허리가 빠지는 것이 공통된 슬라이스의 원인이다. 즉 클럽헤드가 밖에서 안으로 들어오는 아웃사이드 인의 궤도로 움직여서 공이 깎여 맞게 된다. 그렇기 때문에 슬라이스를 고치려면 클럽헤드와 허리의 움직임을 되도록 일치시킬 필요가 있는 것이다. 즉 클럽헤드가 공을 맞힐 때까지 허리를 열지 말고 그 자리에서 손만으로 때려 보라. 이렇게 해서 왼쪽 벽을 쌓으면 슬라이스는 나지 않게 될 것이다.

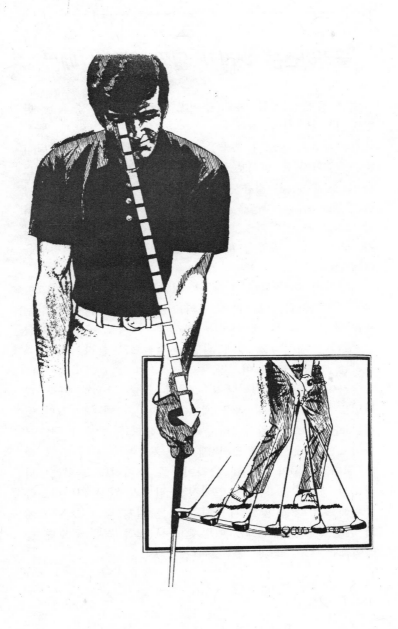

훅그립으로 슬라이스를 고치자

아마추어 골퍼의 모든 것은 스퀘어가 기본임은 두말할 필요도 없다. 그립도 스탠스도……. 그러나 스퀘어의 원리를 철저하게 지키면서도 슬라이스가 나는 사람은 일시적인 방편이긴 하지만 그립을 바꿔 보자. 그립과 스탠스를 별안간 바꾸게 되면 스윙 동작에 위화감을 주게 된다.

스윙이 제대로 되기 전에 몸을 많이 움직이면 클럽이 따라오지 못하고 너무 처져서 공을 맞히는 순간 클럽페이스가 열리게 된다. 이래서 슬라이스가 나는 것이다. 이런 때 그립을 엎어 잡으면(훅그립) 의외로 슬라이스는 훅으로 변한다. 훅그립은 임팩트 때 손목을 쉽게 엎을 수 있어서 슬라이스는 나지 않게 된다. 물론 그립의 기본형은 스퀘어그립이다. 그러나 아무리 스퀘어그립이 기본이라고는 하지만 웬일인지 슬라이스공밖에 때릴 수 없다면 훅그립인들 어떠랴.

슬라이스란 스윙 동작 어딘가에 잘못이 있게 마련인데 한번 잘못된 습관이 몸에 배면 정상으로 되돌아올 때까지는 많은 시간이 걸린다.

또 한 가지 슬라이스가 겁이 나서 처음부터 클럽페이스를 엎어서 때리는 사람이 많은데 클럽페이스를 엎으면 엎을수록 슬라이스는 더욱더 심해진다.

그립만을 엎어서 일단 공이 훅이 나면 정상 그립(스퀘어)으로 다시 잡고 훅공을 때릴 수 있었던 자신감을 살려 과감하게 때려 보자. 병이란 순리대로 조금씩 고쳐야 영원히 뿌리를 뽑을 수 있는 것이다.

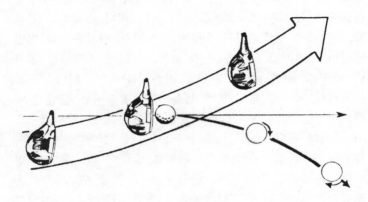

왼쪽 팔꿈치를 빼면 슬라이스가 난다

임팩트에서 폴로스루에 이를 때 왼쪽 팔꿈치가 뒤로 빠지면 공이 깎여 맞으면서 슬라이스가 나는 원인이 된다. 이렇게 왼쪽 팔꿈치가 뒤로 빠지지 않게 하기 위해서는 백스윙 때 클럽헤드가 목표선 밖으로 올라가지 않으면 된다. 골프 스윙에서 클럽헤드는 올라간 길을 다시 따라 내려오게 마련이다. 스윙은 원운동이기 때문에 목표선 밖으로 올라가면 자연히 목표선 안쪽을 향해 내려온다. 이것이 아웃사이드 인의 스윙 궤도이다. 아무리 슬라이스의 명수(?)라도 공을 놓지 않고 스윙을 해 보면 어김없이 안으로 끌었다가 밖으로 내던진다. 프로다운 스윙이다. 나무랄 데 없이 부드럽고 멋지다. 그런데 공만 놓으면 그렇게도 좋던 스윙 폼은 온데 간데 없이 자취를 감춘다.

백스윙 때의 요령은 왼쪽 어깨로 클럽헤드가 오른발 앞을 지날 때까지는 직선으로 낮게 밀어올려라. 그러면 클럽헤드는 틀림없이 몸 쪽으로 따라 올라간다. 그 다음은 공을 향해 던져주라. 슬라이스를 막는 방법으로 왼쪽 벽을 쌓으라는 말을 했다. 공을 맞히고 나서 클럽을 목표 쪽으로 던져주라고도 했다. 왼쪽 벽도 쌓으면서 클럽을 목표 쪽으로 던져주기 쉬운 스윙이 인사이드 아웃의 스윙 궤도이다. 여러 말이 필요없다. 연습 스윙 때처럼만 하라.

인사이드 아웃…… 큰 폴로스루…… 높은 피니시…… 왼쪽 벽…… 이것들이 모두 이뤄졌을 때 슬라이스는 사라지게 될 것이다.

슬라이스 막으려면 어깨를 돌려야

슬라이스란 아마추어 골퍼에게 가장 많은 미스샷의 일종
이다. 슬라이스의 원인은 헤아릴 수 없을 만큼 가지수도
많다.

골프에서 결과가 좋으려면(나이스샷) 출발(백스윙)이 좋
아야 하는 것은 당연한 일이다. 슬라이스의 일시 처방을
위해 그립도 고쳐 보고(훅그립으로) 스탠스도 바꿔 봤다
(클로즈드 스탠스로).

스윙 궤도가 잘못된 것도 확인했고 인사이드 아웃의 스
윙이 좋다는 것도 알게 됐다. 다시 한번 백스윙의 기본 요
령을 살펴보기로 하자.

백스윙은 두말할 것도 없이 클럽을 오른쪽으로 들어올리
는 동작이다. 이때 손으로만 끌어올리면 클럽헤드는 자연
히 목표선 밖으로 올라가게 된다. 이래서는 안된다. 클럽
헤드를 안쪽으로 올라가게 하려면 왼쪽 어깨가 충분히(90
도) 돌아가야 한다. 이때 왼쪽 어깨가 숙여지면(떨어지면)
체중이 왼발에 남게 되어 뒤땅을 때리게 된다. 이렇게 안
쪽으로 올라간 클럽을 다운스윙 때는 목표 쪽으로 과감하
게 던져주라. 절대로 공만을 때린다고 생각지는 말자. 스
윙이란 임팩트가 목적이 아니라 피니시까지라고 하지 않았
던가. 백스윙 때 가슴이 하늘을 보지 않아야 체중이 왼쪽
에 남지 않는다. 다운스윙 때도 몸이 따라가서는 안된다.
그래야 왼쪽 벽이 생기게 된다. 정확한 체중 이동의 효과
가 결과적으로는 슬라이스라는 미스샷을 방지할 수 있는
것이고 다운스윙 때 하체의 리드가 선행돼야 하는 것도 잊
어서는 안된다.

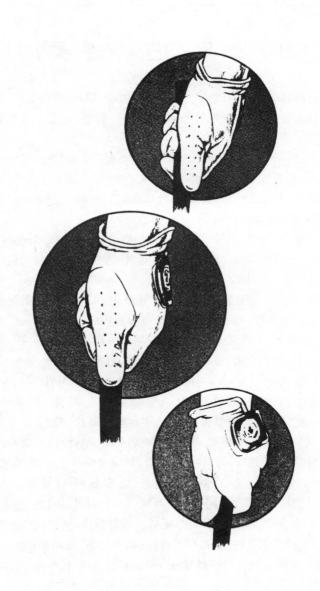

핑거그립으로 슬라이스를 막자

슬라이스공의 처방을 살피다 보니 떠오르는 것이 그립이다. 골퍼는 그립만 봐도 솜씨(기량)를 알 수 있다고 한다. 프로는 말할 것도 없고 수준급의 아마추어 골퍼도 그립만 보면 그 사람의 핸디캡을 대충 알 수가 있는 것이다. 이처럼 그립은 골프의 중요한 기본이고 때로는 골퍼의 운명(핸디캡)까지도 결정짓는 요소가 되기도 한다. 그러나 일반 골퍼 중에는 그립의 중요성을 소홀히 생각하는 사람이 의외로 많다. 여기서 그립의 종류(오버래핑 인터로킹 내추럴)에 대해서 말하자는 것은 아니다.

그립의 종류란 외견상 어떤 모양으로 잡느냐는 것이지만 진작 중요한 것은 어떤 그립을 하든지간에 두 손이 어떻게 서로 밀착(손 안에서)되어 있는가가 더욱더 중요하다. 이것이 잘못돼 있으면 슬라이스도 훅도 나올 수밖에 없으며 끝내는 고칠 수 없는 수렁에 빠지게 된다. 손 안쪽에서 감싸쥐는 모양은 밖에서는 확인할 수 없으며 오직 자기만이 알고 느낄 수 있는 것이 그립인데 가장 바람직한 것은 왼손의 손가락과 손바닥 중간에 샤프트(그립)를 놓고 잡는 핑거그립(finger grip)이다.

그립을 잡고 있는지 아닌지는 왼손에 생기게 마련인 물집을 보면 알 수가 있다. 왼손을 펴보자. 손바닥과 끝 세 손가락의 접점에 물집이 생겨 있으면 제대로 잡은 것이고 그렇지 않으면 잘못된 그립이다. 이제야말로 내 잘못된 구질을 확인할 수 있는 기회가 온 것이다. 잘못된 스윙은 근원(그립)부터 찾아내야 바른 진단이 나올 수가 있기 때문이다.

폴로스루에선 두 손목을 엎어라

　지금까지의 설명으로 임팩트 직전에 꺾였던 손목을 풀어
주는 일이 곧 장타의 원동력이 된다는 것을 알았을 것
이다.
　그러나 여기서 알아야 할 것은 스윙을 왼손으로 리드한
다고 해서 공을 맞히고 나서 클럽을 던질 때(폴로스루)까
지도 왼손 하나만으로 던져서는 안된다는 사실이다. 왼손
은 백스윙과 다운스윙 때 클럽헤드를 바른 궤도로 인도하
고 힘을 축적시키는 역할을 하지만 임팩트에서 폴로스루에
이르러서는 두 손을 모두 써서 클럽을 던져야 힘도 나고
방향도 정확해진다.
　일반적으로 아마추어 골퍼가 스윙을 어렵게만 생각한 나
머지 잘못된 스윙을 바로 잡지 못하는 것은 공을 맞히고
나서 클럽을 제대로 던지지 못하기 때문이다. 클럽을 바르
게 던지면 결과적으로 직선 장타의 힘 있는 공을 때릴 수
가 있는 것이다. 이때 중요한 것이 손목을 엎는 일이다.
그립을 잡은 두 손은 서로 마주 보고 있을 것이다. 손목을
엎을 때의 감각은 왼손을 틀어(시계 방향과 반대 방향으
로) 돌리면 오른손이 위로 덮어질 것이고 반대로 오른손을
돌리면 왼손 위로 엎어질 것이다. 어느쪽을 기준으로 생각
해도 결과는 마찬가지이다. 이것을 턴오버라는 말로 표현
하지만 오른팔을 왼팔에 붙인다고 생각하면 쉽게 손목을
엎을 수 있게 된다. 설사 완전히 엎어지진 않더라도 이것
을 염두에 둔 폴로스루는 적어도 슬라이스만은 없앨 수가
있을 것이다.

논스루는 노드로어즈, 즉 노팬티의 뜻

골프 게임은 홀마다 공을 구명(hole) 속에 넣는 것으로 끝이 난다. 말하자면 홀(구명)은 골프의 종착역인 셈이다. 공을 구명 속에 잘 넣으면 (퍼팅을 잘 하면) 당연히 스코어는 좋아지고 기분도 상쾌해진다.

골퍼라면 누구나 '네버업 네버인'(Never up, Never in)이라는 말을 기억할 것이다. 이 말은 ①공은 홀에 가 닿아야 들어가고, ②홀컵 높은 쪽으로 때려야 들어간다는 퍼팅의 요령을 표현한 명언이다. 이 밖에도 ③서지 않으면 들어가지 않으며, ④위(하늘)를 봐야 들어간다는 숨은(?) 뜻으로도 해석하며 퍼팅의 오묘한 진리를 동경한다.

남녀가 공존하는 인간 사회. 공과 홀로 상징되는 골프. 이처럼 섹스와 연관시켜 골프의 어려움을 달래고 즐거움을 더해주는 표현을 우리는 사랑한다. 그린 앞 20~30 m 지점에서 친 공이 깃대도 맞지 않고 홀컵 속으로 빨려들어가는 프로 골퍼의 절묘한 타구를 가끔 본다[1987년 매스터스 골프 우승자 래리 마이스(미국)의 연장 두번째 홀에서의 제2타가 바로 그것이었다]. 그야말로 기적 같은 타구이다. 그런데 아마추어 골퍼에게도 이런 행운(?)은 가끔 일어난다. 그린 근처에서 친 공이 인사(?)도 없이 홀컵 속으로 사라진다. 이때 우리는 뭐라고 하는가. '논스루'라고 하지 않는가. 분명히 발음은 영어 같은데 무슨 뜻인지 알 길이 없다. 정녕 골프 용어는 아니지만 우리가 많이 쓰고 있으니 그 뿌리(?)만이라도 밝히고 넘어가는 것이 좋을 것 같다. '스루'라는 말은 '드로어즈'(Drawers 의 미국식 발음)라는 말을 잘못 쓰고 있는 것이고 그 뜻은 '팬티'라는 말이다. 즉 '논스루'는 '노드로어즈'가 맞는 말이고 '노팬티'라는 뜻이다. 팬티를 입지 않은 여자와 홀을 연상한 재미있는 표현이 아닐 수 없다.

퍼 팅
Putting

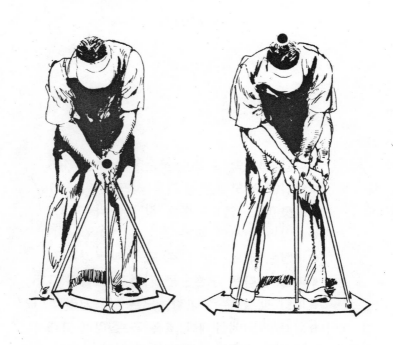

퍼팅 정복의 열쇠는 꾸준한 노력뿐

골프란 쉬운 것 같으면서도 어려운 게임이다. 알 것 같으면서도 알 수 없는 그야말로 불가사의한 경기가 골프이다. 그 중에서도 퍼팅은 더더욱 그렇다.

옛날부터 퍼팅을 하나의 게임 중의 또 다른 게임이라고 말해 왔다. 이것은 골프 게임 중에서 각별한 흥미와 기술과 운이 따르는 별개의 게임이 퍼팅이라는 뜻이다. 홀마다 제각기 다른 구조의 그린이 있고 더욱이 전체 표준 타수 (파)의 절반이 퍼팅수라는 것만 봐도 쉽게 이해할 수 있을 것이다.

고작 1 m 안팎의 짧은 거리에서 3퍼팅을 하는가 하면 20 m 가 넘는 거리(홀컵이 보이지도 않는)에서 집어넣는 기적이 일어나는 것이 골프가 아닌가.

이렇게 생각해 보면 확실히 골프만큼 불가사의한 경기도 없을 것이다. 경력이 오랜 골퍼라면 누구나 같은 생각을 할 것이다. 그렇게도 수수께끼 같은 골프 경기 중에서도 더더욱 플레이어를 웃겼다 울렸다 하는 마력을 지닌 것이 퍼팅이다.

그렇지만 퍼팅 그 자체를 전혀 풀 수 없는 수수께끼만으로 돌려야 한다는 말은 물론 아니다. 그것은 플레이어의 마음 가짐 여하에 따라 어려워지기도 하고 쉬운 것이 퍼팅의 특성이기 때문이다. 그러나 이 어렵고도 쉬운 수수께끼는 플레이어 자신이 풀 수밖에 없다는 사실을 우리는 알아야 한다. 로마가 하루 아침에 이뤄지지 않았듯이 꾸준한 노력만이 퍼팅의 묘수를 풀어줄 것이다.

퍼터만은 오른손 엄지를 샤프트 위에

프로나 아마추어 골퍼에 관계없이 퍼터만은 그립을 다른 방법으로 잡는 경우가 많다. 드라이버는 오버래핑그립을 하면서도 퍼터만은 역오버래핑으로 잡는다든가. 이것은 단순히 습관 때문에 편하게 느끼기 때문이겠지만 드라이버에서 퍼터에 이르기까지 모든 클럽을 한 가지 방법으로 잡으면 항상 같은 감각을 느낄 수 있어 편리하다. 즉 오버래핑그립이면 퍼터도 오버래핑으로, 인터로킹 그립이면 퍼터도 인터로킹으로. 이것은 감각적으로도 항상 같은 상태에서 공을 때릴 수 있다는 이점도 있는 것이다. 다만 퍼터는 드라이버나 롱아이언처럼 풀스윙을 요구하지는 않지만 그 대신 거리에 대한 감각만은 살려야 한다. 그래서 오버래핑이면서도 퍼터만은 오른손 엄지를 샤프트 위에 올려놓는 것도 이 때문이다. 드라이버처럼 오른손 엄지와 둘째손가락으로 샤프트를 감싸 잡으면 오른손에 힘이 들어가 섬세한 감각이 퍼터페이스에 전달되기 어렵다. 그뿐만 아니라 퍼터페이스가 왼쪽으로 돌아가기 쉬워 잡아당기게 된다. 특히 긴장하기 쉬운 숏퍼팅 때 이런 현상은 두드러지게 나타난다. 거리감을 살리면서도 잡아끌지 않는 방법——이것을 충족시킬 수 있는 것이 오른손 엄지를 샤프트 위에 올려놓는 방법이다.

다만 어떤 방법으로 그립을 잡든지간에 퍼팅에서 가장 중요한 것은 퍼터페이스의 방향이 끝까지 바뀌지 않도록 할 수 있어야 한다는 것이다.

롱펏 때는 폴로스루를 길게 하라

5~6 m 의 퍼팅은 1펏은 고사하고 2펏도 힘겹다. 그러다 10 m 가 넘는 롱펏이 되면 아마추어 골퍼에게는 3펏의 위험이 기다린다. 롱펏뿐만 아니라 모든 퍼팅은 거리감이 포인트지만 그것이 10 m 이상이 되면 아무런 거리감도 없어지는 것이 일반 골퍼의 경우이다. 유명 프로들도 롱퍼팅의 거리감은 98 % 가 감각이고 고작 2 % 만이 기술이라고 한다.

하물며 아마추어 골퍼에게는 거리감은 100 % 전부가 감각적이어야 한다. 롱펏을 시도할 때 50 cm 정도의 범위 안에 공을 보낼 수만 있으면 대성공이다. 그것을 한번에 집어넣으려고 요행을 바라고 있으니 거리를 못 맞추고 3펏의 쓰라림을 겪는 것은 당연한 일이다. 이것은 분수를 모르는 욕심 때문이다. 롱펏에서 50 cm 안에만 들어가면 만족해야 한다. 이렇게 안전 제일의 퍼팅 요령이 퍼팅의 명수가 되는 지름길이다.

롱펏 때 폴로스루를 길게 하는 것을 잊어서는 안된다. 폴로스루 없이 힘으로 짧게 때리는 방법이 없는 것은 아니지만 이것은 결과를 예측하기 어려운 단점이 있다. 폴로스루가 길다고 해서 하체는 물론 상체까지 따라 움직여서는 안된다. 퍼팅 때 몸이 움직이거나 일어나면 퍼터페이스 중심(sweet spot)에 공을 맞힐 수가 없어 미스펏의 원인이 된다. 그러면 1 m 정도의 숏펏은 어떤가. 들어가서 당연하니 압박감은 가중된다. 그러니 아무리 짧은 퍼팅도 확실하게 때려야 한다. 바로 끌었다 바로 내미는 타법 이것이 숏펏의 기본이다.

퍼팅은 천천히 작은 스윙을 해야

퍼팅에도 백스윙과 폴로스루가 있다. 스윙이 작다고 해서 아무렇게나 해도 된다는 것은 물론 아니다. 골프에서 작은 스윙을 제대로 못하면 스윙이 커지면 커질수록 흔들리는 확률은 높아만 간다. 골프 스윙은 클수록 좋다고 했지만 이것은 어디까지나 스윙을 바르게 할 수 있는 것을 전제로 할 때의 원리이다. 그래서 초보자를 포함한 일반 골퍼는 드라이버샷도 스윙을 작게 해서 체중 이동의 폭을 줄여야 정확하게 공을 맞힐 수가 있는 것이다.

하물며 한치의 오차도 없이 공을 맞혀야 하는 퍼팅에서야 두말할 필요조차 없다. 테이크백이 커지면 궤도가 흔들릴 뿐만 아니라 타이밍을 잡는 것조차 어려워진다. 너무 스윙이 크기 때문에 공을 때리는 순간 힘이 빠지는 타법이 되거나 이와는 반대로 처음부터 힘이 너무 빠지면 공을 때릴 때 자기도 모르는 사이 힘이 들어가서 거리를 맞추지 못하는 경우가 많다. 이런 일들은 모두 백스윙이 크기 때문에 일어나는 미스샷이다. 아주 기초적인 원리지만 모든 운동은 움직임이 작을수록 오차도 작아진다. 그렇다고 퍼팅 때 손목만을 까딱까딱 움직여서 때린다면 거리감과는 거리가 멀 것이다.

퍼팅은 천천히 자기 자신의 감각을 살릴 수 있도록 공을 때려야 한다. 그러기 위해서는 퍼터를 움직이는 동안 퍼터 헤드의 무게를 오른손으로 느낄 수 있도록 천천히 스윙해야 하는 것이다. 스윙이 빠르면 클럽헤드의 무게를 전혀 느낄 수가 없기 때문이다.

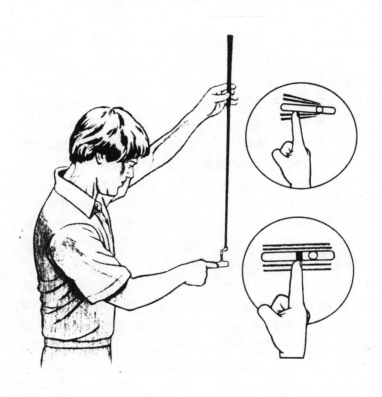

퍼팅은 헤드 중심으로 공을 때려라

퍼팅처럼 사람마다 방법과 스타일이 다른 것도 드물다. 오른쪽 어깨를 숙이고 주저앉아서 때리는 사람, 꼿꼿이 선 채 시계추 타법을 하는 사람, 손목을 고정시키는가 하면 순전히 손목으로 때리는 사람도 있다. 그립, 스탠스, 공의 위치, 체중, 자세, 타법……등 그야말로 천태만상이다. 오죽하면 퍼팅에는 폼도 스타일도 없다고까지 하겠는가. 그렇다고 무턱대고 아무렇게나 때려도 되는 것은 아니다. 이처럼 제각기 다른 퍼팅에도 기본적인 공통 요소는 있다. 즉 ① 반드시 퍼터헤드의 중심(sweet spot)으로 공을 때려야 한다. 물론 경사가 심한 내리막 라인에서는 퍼터 뒷부분으로 때려 공의 속도를 죽이는 고도의 기술이 있기도 하지만 원칙적으로는 퍼터 중심으로 때려야 한다. 대개 퍼터의 중심을 표시한 흰 줄이 그어져 있다. 이 줄이 없을 때에는 스스로 확인해서 중심을 찾아내야 한다. 퍼터의 중심은 반드시 중앙에 있는 것은 아니다. 퍼터의 그립을 왼손으로 가볍게 잡아 늘어뜨리고 오른손(또는 연필 같은 것)으로 퍼터헤드를 툭툭 쳐보면 좌우로 뒤틀리다 똑바로 움직이는 지점이 있게 마련이다. 그곳이 바로 중심인 것이다. ② 백스윙이 크면 클수록 그만큼 흔들리기 쉽다. 퍼팅에 고민하는 사람은 대개 백스윙이 크다. 그래서 백스윙은 최소한으로 작게 하도록 노력하라. ③ 어드레스 때의 그립(두 손)은 공보다 오른쪽으로 가 있으면 안된다. ④ 반드시 눈 바로 밑에 공을 놓고 때린다.

어떤 모양으로 퍼팅을 하건 이상의 4가지 원칙만 지킨다면 퍼팅의 고민은 사라질 것이다.

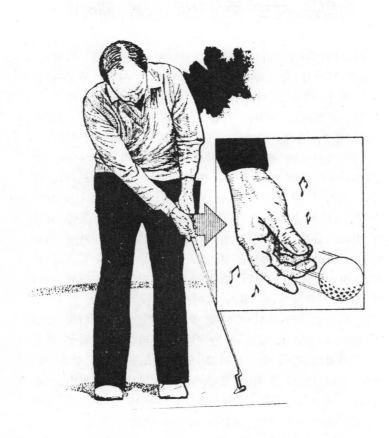

퍼팅 감각은 오른손을 가볍게 잡아야

롱펏은 거리감이 첫째 요소이다. 거리감이란 자기가 느끼는 감각을 얼마만큼 퍼터헤드에 전달할 수 있는가에 달려 있다.

골프에서 오른손은 힘(거리)이고 왼손은 방향이라고 한다. 그래서 퍼팅의 거리감도 오른손으로 느껴야 하는 것은 지극히 자연스러운 일이다. 이것은 오른손으로 공을 굴려보면 쉽게 이해할 수가 있을 것이다. 이때 공을 잡은 오른손에는 거의 힘이 들어가 있지 않을 것이다. 공을 가볍게 잡고 천천히 오른손을 뒤로 뺐다 목표 쪽으로 던지면 공은 부드럽게 굴러간다. 이 감각을 그대로 퍼팅에 활용하면 거리감을 찾을 수 있게 된다. 이때 중요한 것은 역시 그립이다. 오른손을 가볍게 잡아야 거리감을 느낄 수 있는 요령을 찾을 수 있기 때문이다.

즉 손으로 공을 굴릴 때처럼 힘을 빼서 공이 편안하게 굴러갈 수 있도록 때리는 감각을 느껴야 한다. 왼손은 방향이라고 했으니 방향이 바뀌지 않도록 확실하게 잡아야 한다. 왼손에만 방향을 맡기면 오른손이 엎어지면서 잡아당기게 되며 특히 힘을 넣어 때려야 하는 롱펏 때 왼손의 그립이 약하면 이 현상은 현저하게 나타난다.

그래서 왼손의 등이 목표 쪽으로 나아가야 한다고 하지 않았던가. 그런데 이 왼손을 컨트롤하는 것은 역시 오른손에 달려 있다. 어드레스 때의 오른손의 모양(손목)을 폴로스루 때까지 그대로 유지해야 왼손의 등은 목표 쪽으로 움직이게 된다.

이렇게 생각하면 오른손은 퍼팅의 주역인 것이다.

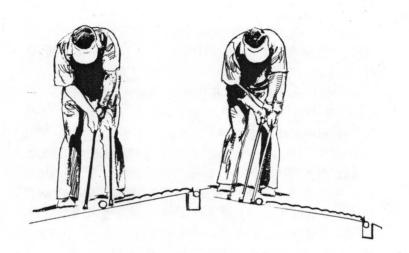

퍼팅 때 왼손은 방향, 오른손은 거리감

오르막 퍼팅은 홀컵 뒤턱에 맞고 떨어지도록 세게 때리고 내리막 퍼팅은 홀컵 앞턱에서 간신히 굴러 떨어지도록 가볍게 때려야 한다. 이것은 어디까지나 경사의 정도를 감안해야 하는 것이지만 퍼팅의 요령이나 감각만은 그렇게 하라는 말이다. 오르막 라인에서 세게 때리려면 폴로스루를 해서 퍼터헤드를 홀컵 쪽으로 내보내야 한다.

퍼팅에서 왼손은 방향, 오른손은 거리감이라는 원리는 뚜렷하게 나타난다. 즉 세게 때리면 오른손을 많이 쓰게 되고 이때 왼손이 느슨하면 퍼터페이스가 왼쪽으로 돌아가게 된다. 그래서 세게 때릴 때에는 왼손의 그립이 놀지 않도록 잡아서 오른손의 힘을 이겨내야 한다. 이와는 반대로 내리막 퍼팅 때 오른손이 지나치게 작용하면 공에 힘이 붙어 회전 속도가 빨라져서 홀컵을 지나갈 염려가 있다.

또 한 가지 슬라이스 라인이나 혹 라인의 롱퍼팅 때 지나치게 세게 때리면 홀컵 근처에서 공은 별안간 휘게 된다. 이것은 공이 힘이 떨어지는 시점에서는 경사나 잔디 결에 크게 영향을 받기 때문이다. 그래서 홀컵을 지나간 공을 다시 되돌려치는 짧은 퍼팅은 처음 공이 지나갈 때보다는 휘는 정도를 작게 봐야 한다. 그것은 아무리 짧은 거리에서도 공이 맞는 순간은 공에 힘이 붙어 공은 똑바로 굴러가기 때문에 생각만큼 경사나 잔디 결을 타지 않는다는 것도 잊어서는 안된다.

짧은 거리에선 퍼터도 짧게 잡아라

숏펏, 천신만고 끝에 핀 1~2m 거리에 붙인 기회이다. 절대로 실수해서는 안되는 마지막 1타이다. 그런데 이렇게 골몰하게 되면 긴장은 극에 달하고 드디어 공은 홀컵을 핥으면서 스치고 지나간다. 거리가 짧다고 절대로 얕잡아보면 안된다. 이런 짧은 거리에서는 확실하고 과감하게 때려야 한다. 숏펏의 몇 가지 요령을 알아보자.

① 거리가 짧은 만큼 퍼터도 약간 짧게 잡는 것이 좋다. 그러면 자연히 몸도 조금은 숙여지게 될 것이다. ② 백스윙을 크게 해서는 안된다. 백스윙을 크게 했다 다운스윙 때 힘을 빼서 때리면 거리감이나 방향성을 흐트러뜨리는 원인이 된다. ③ 거리가 짧다고 해서 스트로크의 템포를 빨리 해서는 안된다. ④ 공 옆구리에 압정이 꽂혀 있다고 생각하고 그 압정을 박아넣는 것처럼 확실하게 때려라. ⑤ 홀컵이 가까이 있기 때문에 자칫하면 머리를 들기 쉽다. 홀컵 속으로 공이 떨어지는 소리를 들을 때까지 머리를 들어서는 안된다. ⑥ 공과 홀컵을 연결한 직선 위에 중간 목표를 정해 놓고 퍼터페이스를 그곳에 직각이 되게 맞추어 공이 그 지점을 지나가도록 때리면 방향은 확실하게 보장받는다. 경사진 라인이라면 홀컵을 연결한 직선이 아니라 경사도를 감안한 지점에 중간 목표를 설정해야 함은 물론이다.

이상 추려본 몇 가지 요령을 참작한다면 숏펏의 거리감과 타구 감각을 빨리 찾을 수 있을 것이다.

롱펏은 방향보다 거리를 맞춰야

롱퍼팅은 방향보다 거리의 정확성을 앞세운다. 좋은 스코어를 내고 즐거운 골프를 위해서는 무엇보다도 3퍼팅을 없애는 것이 선결 문제이다. 그린까지 몇번에 올리든지간에 2퍼팅 또는 1퍼팅으로 그 홀을 마감할 수 있다면 몰라보게 스코어는 좋아질 것이다. 통한의 3펏은 롱퍼팅 때 거리를 맞추지 못하는 데 원인이 있다.

이것은 대개 퍼팅이면 무조건 방향만을 중시하기 때문이다. 그리고 아무리 멀어도 꼭 집어넣으려고 하기 때문이다.

퍼팅은 긴 거리보다는 짧은 거리가 쉬운 것은 당연하고 그래서 롱펏은 방향보다 거리를 먼저 맞춰야 한다는 이론이 성립되는 것어다. 거리는 백스윙의 크기로 조절한다. 공을 때리는 힘으로 거리 조절을 하려면 여간 어렵지가 않다. 롱펏 때 홀컵을 중심으로 직경 1 m 의 원을 머리 속에 그려보면 아무리 먼 거리에서도 이 1 m 의 원 속에 공을 보내기는 쉬운 것이다. 그러면 다음은 기껏 50 cm 정도의 짧은 펏만 남게 되어 이것만 성공시키면 그만이다. 방향보다는 거리를 중요시하는 퍼팅 감각──그것이 롱펏의 요령인 것이다.

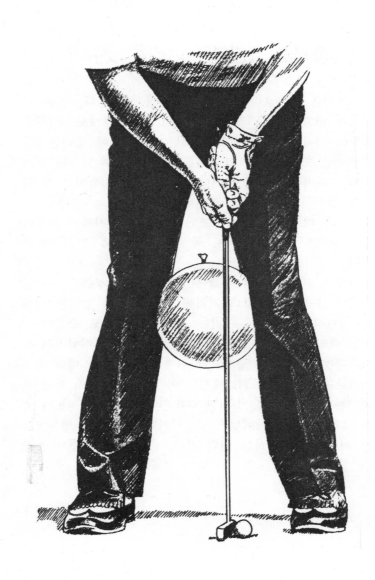

퍼팅 땐 하체를 움직이지 마라

골프에서 스코어가 무너지는 원인은 말할 것도 없이 미스샷 때문이겠지만 스코어를 좌우하는 열쇠는 코스 공략의 마지막 단계인 퍼팅이 쥐고 있다. 그런데 이렇게도 중요한 퍼팅을 소홀히 하는 것은 알다가도 모를 일이다. 퍼팅에 서투른 사람치고 골프를 잘 하는 사람은 한 사람도 없다. 퍼팅에서도 골퍼의 최대 고민은 3퍼팅이다. 심할 때는 4퍼팅의 쓰라린 경험도 있을 것이다. 3퍼팅을 하지 않으려면 아무래도 롱퍼팅의 제1타를 홀컵 1m 안에 붙이는 것과 짧은 1m의 퍼팅을 반드시 성공시키는 일이다. 이와 동시에 1~2m의 퍼팅은 꼭 집어넣을 수 있다는 자신감을 갖는 것이 더욱더 필요하다.

퍼팅 때 하체가 움직이면 뜻하지 않은 결과가 나타난다. 물론 나쁜 쪽으로 말이다. 이것은 퍼팅 자세가 불안정해서 일어나게 되는 미스펏 때문이다. 퍼팅의 명수들이 폼이 좋거나 스타일이 똑같은 것은 아니지만 하나같이 퍼팅 때 부동의 중심축을 유지하고 있음을 알 수 있다.

아마추어 골퍼도 퍼팅 때 하체가 움직이는 것을 막기 위해 두 무릎을 서로 안쪽으로 죄고 이 자세를 퍼팅이 끝날 때까지 지속하면 몸이 흔들리지 않을 것이다. 그러면 약간 긴장하게 되고 이 긴장감은 오히려 진지한 마음의 자세로 이어지게 된다. 한편 무릎을 죄었을 때 힘이 들어가는 것을 막기 위해 고무풍선을 끼고 있다고 생각하면 체중을 싣는 감각도 느낄 수 있을 것이다.

드라이버에 앞서 퍼팅 연습을

유명 프로라고 해서 어프로치샷을 매홀마다 핀에 붙일 수는 없다. 짧은 펏을 성공시켜 파나 보기를 하는 우리와는 달리 이들은 긴 펏을 집어넣어 이글, 보디를 기록한다. 그 결과 경기에 이기고 많은 상금을 타게 된다. 그래서 퍼팅이 뛰어나면 항상 이긴다는 말이 있다.

이렇게 돈과 게임을 좌우하는 퍼팅 기술은 저절로 얻어지는 것도 아니고 천성으로 타고나는 것도 아니다. 피나는 연습을 통한 노력의 결과이다. 유명 프로들의 경기를 보면 승패는 항상 그린 위의 퍼팅에서 결정된다. 지금까지 드라이버의 거리(장타)에 의해서 이기고 진 경기는 단 한번도 없다. 이것은 일반 아마추어 골퍼에게도 해당되는 말이다. 표현이 지나칠지 모르지만 모처럼 2온을 하고도 3펏을 한다면 3온 1펏에 지고 만다. 그런데 아마추어 골퍼는 장타만을 생각해서 드라이버 연습에만 열을 올린다. 하기야 단타보다는 장타가 유리한 것은 틀림없지만 장타에는 연령이나 체력에 따른 한계가 있다. 그러나 퍼팅에는 아무런 한계나 제약이 없다. 아무리 나이가 많고 힘이 없어도 연습만 거듭하면 얼마든지 잘할 수 있는 것이 퍼팅이다.

결국은 스코어가 좋고 나쁜 것은 퍼팅의 중요성을 얼마만큼 빨리 깨닫는가에 달려 있다고 해도 과장된 말은 아닐 것이다. 그렇지만 대부분의 아마추어 골퍼가 이 진리를 깨닫지 못한 채 골프 인생을 마감하고 있으니 매우 안타까운 일이다.

백스윙은 헤드 무게 느낄 정도로

숏게임의 거리 조절은 백스윙의 크기로 한다고 했다. 퍼팅도 예외는 아니다. 그러나 퍼팅의 백스윙은 필요한 만큼의 크기로 억제하는 것이 좋다. 가볍게 잡은 오른손으로 거리 감각을 살려야 하지만 거리가 길다고 지나치게 백스윙이 커서는 안된다. 백스윙이 크면 다운스윙 때 힘으로 거리 조절을 하게 되고 타이밍조차 잡기 어려워진다. 공을 때리기 전의 동작이 크면 클수록 타이밍도 스윙 궤도도 불안정해지는 것이 아마추어 골퍼의 약점이다. 백스윙은 퍼터헤드의 무게를 느낄 수 있을 만큼의 크기면 충분하다. 백스윙이 크면 퍼터페이스 중심으로 공을 때릴 수 있는 확률이 낮은 것은 물론이다. 그래서 백스윙이 커지는 것을 막기 위해서는 오른발 끝을 밖으로 벌리지 않아야 한다. 오른발 끝을 밖으로 벌리면 오른쪽 무릎도 자연히 밖으로 빠져서 백스윙을 억제하는 기능을 잃게 된다. 이렇게 오른발 끝을 벌리면 백스윙은 한없이 커질 수도 있다는 말이다. 그러면 크게 올라간 퍼터헤드는 다운스윙 때 힘이나 속도를 줄이면서 때리게 되어 퍼터헤드는 공을 맞히자마자 그 자리에 멈추게 된다. 그 결과 롱펏 때 꼭 필요한 낮고 긴 폴로스루는 할 수 없게 된다. 그래서 오른발 끝을 안쪽으로 넣으면 오른쪽 무릎도 안으로 죄어져서 백스윙이 커지는 것을 막아주게 된다.

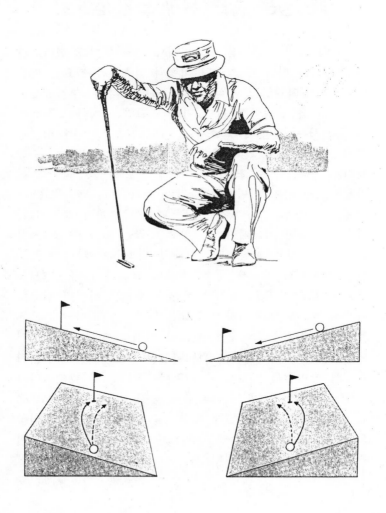

동반 플레이어의 퍼팅을 훔쳐보라

골프는 공이 그린에서 먼 순서대로 플레이한다. 이것은 그린에서도 마찬가지여서 홀컵에서 먼 순서대로 퍼팅을 하게 된다. 그래서 자기 공이 같은 방향에 있을 때에는 앞 플레이어가 퍼팅하는 것을 잘 살펴볼 필요가 있다. 다만 상대방 플레이어의 라인 뒤편이나 앞쪽에서 보는 것은 에티켓에 벗어나는 행위가 된다. 그래서 플레이어의 시야에 거슬리지 않도록 조심해야 함은 물론이다.

그린은 잔디의 결이 공에서 홀컵 쪽으로, 또는 홀컵 쪽에서 공 쪽으로, 때로는 오른쪽에서 왼쪽으로, 이와 반대로 왼쪽에서 오른쪽으로……등 여러 가지 형태의 결이나 경사가 있게 마련이다. 이와 같은 잔디의 결은 공이 굴러가다 힘이 떨어졌을 때(홀컵 근처에서) 크게 영향을 받아 갑자기 멎거나 아니면 터무니없이 홀컵을 지나가게 된다. 또 잔디 결이 옆으로 누워 있을 때에는 공이 생각보다 많이 휜다는 것은 이미 잘 알고 있는 사실이다. 그래서 그린에 올라가면 잔디 결을 세밀히 관찰할 필요가 있고 더욱이 다른 플레이어의 퍼팅을 참고하면 많은 도움이 될 것이다.

3펏을 범하게 되는 원인은 대개 롱펏이 핀에 붙지 않기 때문이지만 롱펏은 방향보다 거리를 맞춰야 한다고 여러번 강조했다. 거리를 맞추는 것이 3펏을 방지하는 첫번째 과제임을 상기하기 바란다. 그러면 1라운드에 적어도 3타 정도는 줄일 수가 있을 것이다.

퍼터를 기울여서 퍼팅 라인을 측정하라

퍼팅의 성패가 그날의 스코어를 좌우하는 것은 프로 아마추어를 막론하고 모든 골퍼의 상식이다. 그래서 많은 상금이 걸려 있는 경기에서 프로들은 그린 위에 올라가면 매우 신중해진다.

홀컵까지의 잔디 결을 살피고 반대 쪽에서 퍼팅 라인을 확인하고 홀컵 주위의 잔디 상태를 관찰하는 등 퍼팅을 하기 전에 하는 일도 많고 이 1타를 위해 온 정성을 쏟아붓는다. 퍼팅 라인을 읽는 방법에도 프로 골퍼마다 특징이 있지만 지금은 아마추어 골퍼에게조차 유행병처럼 번지고 있는 방법이 일반화되어 있다. 즉 공 뒤에서 퍼터를 늘어뜨리고 라인을 읽는 방법이다.

아마추어 골퍼가 단지 이 방법을 흉내만 내는 것이라면 멋도 좋지만 결코 바람직한 것은 못된다. 그러나 정말 경사도를 확인하기 위해서라면 굳이 막을 필요는 없다. 그것도 시간을 낭비(?)하지 않는다는 전제에서 말이다.

이 방법을 통해 경사도를 정확하게 확인하는 순서는 다음과 같다.

① 홀컵과 공을 연결하는 직선 뒤에서 오른손으로 그립을, 왼손으로 퍼터 밑을 잡고, ② 홀컵과 공의 직선상에 한 눈을 맞추고 왼손을 놓는다. 그러면 경사가 있으면 퍼터헤드는 좌우 어느 한쪽으로 기울 것이다. 왼쪽으로 기울면 훅 라인이고 오른쪽이면 슬라이스 라인이다. ③ 이 상태에서 퍼터헤드와 공이 겹칠 때까지 평행으로 이동시킨다. 그러면 샤프트와 홀컵 사이가 벌어지게 된다. 이것이 경사도인 것이다.

거리 표시 미터 대신 야드로 고쳐야

우리나라 골프 인구가 2백만 명을 넘어섰다고 한다. 드디어 골프 대중화의 문이 열린 것이다. 골프의 대중화……여간 반가운 소식이 아닐 수 없다. 어떤 스포츠건 대중화는 곧 국제화로 통하는 관문에 들어섰다는 말이기도 하다.

미국과 일본에서 우리의 프로 골퍼(여자)들이 활약 중이고 우리나라에서 열리는 골프 대회에 외국 선수들이 몰려오는 것은 어제 오늘의 일은 아니다. 이렇게 해서 우리의 골프도 세계 속의 골프와 공존하고 있는 셈이다. 흔히 골프를 '거리의 경기'라고도 한다. 필요한 거리만큼 공을 옮겨 가는 능력에 따라 승패가 결정되는 경기이기 때문이다.

골프 종주국인 미국의 거리 표시는 야드이고 미터법을 쓰고 있는 영국이나 일본에서도 골프만은 야드를 쓰고 있다. 이것은 모두 국제화의 흐름에 따르기 위한 현명한 조치이기도 하다. 우리나라에서도 1970년대 미터법이 시행되기 전까지는 골프 거리의 단위는 야드였다. 그것이 법령으로 공포되면서 하루 아침에 미터로 바뀌고 말았다.

바로 여기에 문제가 있는 것이다. 그렇지 않아도 체력과 기술면에서 뒤지는 우리의 현실인데 골프의 생명이랄 수 있는 거리의 단위까지 다르다 보니 언제 외국 선수를 따라 잡을 수 있겠는가 말이다. 어떻게 생각하면 척관법의 옛날로 후퇴하는 것 같은 느낌도 들겠지만 그래도 골프에서만은 미터 대신 야드로 세계의 흐름에 맞추는 것이 골프의 국제화 시대를 여는 첩경이 아니겠는가.

어프로치샷

Pitching & Chipping

숏아이언샷 때 체중은 왼발 쪽에

　호쾌한 드라이버샷은 아마추어 골퍼의 꿈이요 낭만이다. 그래서 그런지 드라이버샷의 연습에만 열중하고 숏아이언을 연습하는 아마추어 골퍼는 많지가 않다. 이것은 아무리 노력해도 드라이버샷이 제대로 되지 않는 일반 골퍼의 끈질긴 집념 때문일 게다. 그렇다고 숏아이언을 소홀히 생각해서는 안된다. 실제로 코스에서의 실전을 경험해 보면 짧은 거리에서의 타구가 얼마만큼 중요한가를 뼈저리게 느끼게 될 것이다. 200m 의 드라이버샷도 50m 의 숏게임도 똑같은 1타의 값을 지니고 있으니 말이다. 프로나 아마추어를 막론하고 홀륭한 플레이어는 한결같이 숏아이언의 명수들이다. 노력만 하면 아마추어 골퍼도 프로의 수준까지 도달할 수 있는 것이 숏아이언샷이다. 나도 숏아이언의 명수가 될 수 있다는 확신을 갖자. 숏아이언샷의 어드레스 때의 요점을 간추려 보면 ① 공은 스탠스의 중앙에 놓는다. ② 머리는 몸 중심에 오도록 한다. ③ 체중은 어느 정도 왼발 쪽으로 많이 오도록 한다.(6—4의 비율) ④ 오른쪽 무릎을 약간 왼쪽으로 밀어넣는다. ⑤ 클럽헤드의 밑부분(Sole)이 완전히 땅에 닿도록 한다(그래야 로프트가 살아난다). ⑥ 이상과 같은 요령으로 어드레스를 하게 되면 손은 자연스럽게 왼쪽 넓적다리 안쪽으로 놓이게 되어 클럽헤드보다는 약간 앞쪽(목표 쪽)으로 오게 마련이다. 이 밖에도 개인마다 좋아하는 방법은 있을 것이나 기본을 무시한 개성은 바람직한 것이 못된다.

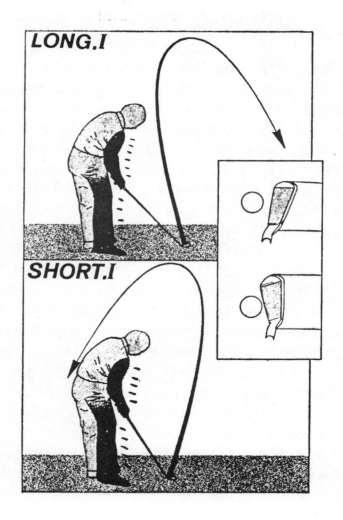

클럽이 짧아도 하반신 리드는 지켜야

많은 아마추어 골퍼들은 클럽이 짧아질수록 백스윙 때 몸을 돌리지 않고 손이나 팔만으로 공을 때리는 것을 자주 보게 된다. 클럽이 짧으면 그만큼 손이나 팔만으로도 스윙이 가능하기 때문에 몸을 쓰지 않아도 특히 하반신의 리드를 게을리하게 된다. 더욱이 손이나 팔만을 번쩍 들어올려서 때려도 클럽이 짧으면 공을 맞힐 수가 있고 어느 정도 거리도 나기 때문에 아무래도 쉽고 편한 손놀림만으로 스윙하는 경향이 많아진다. 그런데 숏아이언샷 때 공이 목표보다 왼쪽으로 날아가는 것은 무엇 때문일까. 더욱이 손에 의존하는 스윙은 혹이 나는 것은 왜 그럴까.

정상적인 숏아이언샷의 어드레스 자세에서 얼굴 정면으로 클럽헤드를 들어올려 보자. 이때 클럽페이스는 어디로 향하고 있는지 확인해 보자. 아이언 8번, 9번, 피칭웨지……

클럽이 짧아질수록 클럽페이스는 조금씩 엎어지게 될 것이다. 즉 공을 그만큼 왼쪽으로 잡아당기게 된다는 말이다. 그래서 숏아이언샷 때 중심을 왼쪽에 놓고 두 손도 공보다 앞쪽(왼쪽)에 놓는 것은 다운블로의 타구가 가능할 뿐만 아니라 왼쪽으로 끌어당기는 것을 막을 수 있기 때문이다. 이렇게 클럽의 구조상의 특성을 모르면 공이 왼쪽으로 날아간다고 해서 처음부터 오른쪽을 보고 어드레스를 하는 경향은 많아질 것이다. 클럽은 짧아져도 하반신만은 충분히 활용해야 하는 것이 골프 스윙의 원리이고 요령이다.

숏아이언도 손목을 쓰지 말아야

퍼터는 제쳐놓고 클럽 13개 중에서 가장 비중이 큰 클럽은 어느 것일까. 물론 사람마다 특기로 삼고 있는 클럽은 있을 것이다. 그러나 일반적으로는 드라이버와 숏아이언일게 분명하다. 그것은 드라이버는 어프로치샷을 유리하게 만들어주는 주도적인 역할을 하는 데 없어서는 안될 클럽이고 숏아이언은 드라이버의 나이스샷을 스코어로 연결시키는 데 절대적인 구실을 하는 무기이기 때문이다. 아마추어 골퍼는 말할 것도 없고 프로 골퍼까지도 드라이버샷이 제대로 되지 않으면 스코어는 무너진다. 드라이버샷이 흔들리면 팅그라운드에서 세웠던 코스 공략 계획을 그대로 그린까지 이어갈 수는 없다. 계획은 바뀌게 되고 파 찬스도 스스로 포기하지 않으면 안될 지경까지 이르게 된다. 이때 마지막 기회로 등장하는 것이 숏아이언샷이다. 핀에 붙이기만 하면 아직도 파 찬스는 있다. 짧은 거리라고 해서 손목을 쓰는 타법이 돼서는 안된다. 거리가 짧아질수록 더욱더 그렇다. 손목을 쓰면 스윙이 빨라지고 평소의 타이밍을 잃어버리게 된다. 공을 띄우려고 손목을 쓰게 되면 타이밍은 무너지고 결과적으로는 숏아이언샷을 자신 없게 만드는 원인이 된다. 손목을 쓰지 않는 타법……이것은 방향을 약속받는 타법인 동시에 스코어를 줄이는 아마추어 골퍼의 마지막 기회이다. 잔재주보다는 조금은 대담한 정통적인 스윙의 기본이 아마추어 골퍼의 고향이다.

숏아이언샷은 공을 가운데 놓아야

숏아이언샷 때 공의 위치는 몸 가운데가 표준이다. 공을 좀더 높이 띄울 필요가 있을 때에는 점차적으로 공을 왼쪽으로 놓으면 된다. 어드레스 때 공에 클럽페이스를 맞추고 (직각) 그립을 잡아 두 손을 왼쪽 넓적다리 안쪽에 놓으면 그립은 클럽페이스보다 약간 왼쪽으로 오게 된다. 그러면 공을 위에서 내리찍는 다운블로의 스윙이 가능한 자세가 되는 것이다. 두 손을 이 이상 왼쪽 밖으로 빠지면 왼쪽 겨드랑이가 떨어져서 방향을 바로 잡을 수 없게 된다.

백스윙 때 체중을 오른쪽으로 옮길 필요는 없고 폴로스루에 들어갈 때까지 체중은 왼발 안쪽에 남아 있어야 한다. 다시 말하면 숏아이언샷의 스윙축은 왼발 안쪽에 있는 것이라고 느끼는 감각이 몸이 좌우로 움직이는 것을 막아주는 타법의 요령이다.

따라서 스탠스의 폭도 넓을 필요는 없다. 스탠스가 넓으면 스윙이 커질 뿐만 아니라 몸이 좌우로 움직여서 스윙축을 일정하게 유지하기가 어려워진다.

스탠스의 폭을 좁히고 왼발 안쪽에 중심을 놓으면 숏아이언샷의 특성인 업라이트스윙은 자연스럽게 이뤄지는 것이다. 또한 공 바로 위에 머리가 오게 하는 것도 빼놓을 수 없는 숏아이언샷의 요령이다. 머리를 공 오른쪽에 놓으면 체중이 오른쪽으로 쏠려서 공을 떠올려치게 된다. 그렇기 때문에 숏아이언샷은 반드시 공을 위에서 내려다보는 자세가 바람직한 자세이다.

클럽은 달라도 스윙 템포는 같아야

클럽이 짧아져도 하반신을 충분히 살리는 스윙을 해야 한다고 했다. 특히 다운스윙 때 무릎을 왼쪽으로 내미는 것이 요령이다. 물론 머리가 움직여서는 안되지만 무릎도 어드레스 때의 높이를 그대로 유지한 채 목표 방향으로 힘껏 밀어주면 된다. 그러면 체중은 왼발 위에 실리게 되고 이때 허리를 돌려주면 중심은 왼쪽으로 옮겨가서 클럽도 다운블로의 궤도를 따라 내려오게 된다. 그래야 공을 먼저 맞히고 나서 잔디를 깎아내는 바른 스윙이 되는 것이다. 물론 임팩트 때 그립을 잡은 두 손은 왼쪽으로 나오게 되어 공을 끌어 잡아당기는 일이 없이 공은 똑바로 날아가게 된다.

더욱이 다운블로로 내려치기 때문에 공은 클럽페이스의 밑에서 위로 미끄러지듯 스치면서 클럽페이스의 홈 때문에 백스핀이 걸리면서 높이 떠오르는 구질이 만들어지게 되는 것이다.

허리가 따라 움직이거나 공에서 눈이 떨어져서는 안되며 무릎을 부드럽게 왼쪽으로 밀어내야 하는 것도 중요한 요소들이다.

그래서 폴로스루를 높게 그리고 크게 해야 하는 것도 숏 아이언샷의 요령이다. 클럽이 짧아질수록 다루기가 쉬워지기 때문에 리듬이 빨라지기 쉽다. 골프 스윙은 드라이버에서 피칭웨지까지 클럽은 달라도 스윙의 타이밍이나 템포만은 같아야 한다. 이것이 지켜졌을 때 골프는 늘기 시작한다. 그래서 클럽이 짧아질수록 스윙은 천천히 해야 한다고 하지 않았던가.

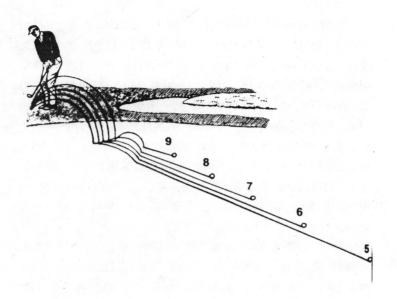

어프로치 거리감은 감각으로 익혀야

드라이버의 장타의 쾌감도 멋지지만 어프로치샷이 핀에 달라붙었을 때의 만족감은 말로 표현하기 어려운 짜릿한 흥분마저 느끼게 한다. 이때처럼 자신이 자랑스러울 때도 없다. 이와는 반대로 푹석 뒤땅이라도 때리게 되면 실망은 극에 달하고 분노까지 치민다. 이렇게 실망과 분노가 되풀이되는 고통의 굴레에서 벗어나는 길은 어프로치샷의 참된 의미와 요령을 터득하는 길이다.

골프 게임에서 가장 중요한 것은 감각이다. 합리적인 분석만으로는 해결할 수 없는 부분이 있는 것이 골프이다. 그 대표적인 것이 어프로치샷 때의 '거리감'이다. 그것은 피칭웨지 하나만을 살펴봐도 알 수가 있다. 어프로치샷에서는 100 m 에서 5 m 까지의 거리를 가려가며 때려야 하는 상황이 얼마든지 일어난다는 말이다. 이 거리감을 만들어 내는 방법은 플레이어 자신의 감각에 의존할 수밖에 없다. 더욱이 스코어를 좌우하는 것은 어프로치샷이 열쇠라는 것을 초보자라도 실감하고 있을 것이다. 이토록 중요한 '거리감'을 상황에 따라 적절하게 구사할 수 있는 길은 연습밖에 없다.

100 m 이내에선 피칭웨지, 굴릴 때에는 7번 아이언⋯⋯ 이런 식으로 틀에 박힌 타법만을 고수한다면 언제까지나 초보자의 영역에서 벗어날 수 없을 것이다.

각기 다른 클럽으로 스윙이나 타법을 달리해서 같은 거리를 보낼 수 있고 또는 같은 지점에 떨어진 공이 굴러가는 거리의 차이를 분별하는 기량과 요령⋯⋯이것은 연습을 통해 얻어지는 '감각'에 의해서만 가능한 것이다.

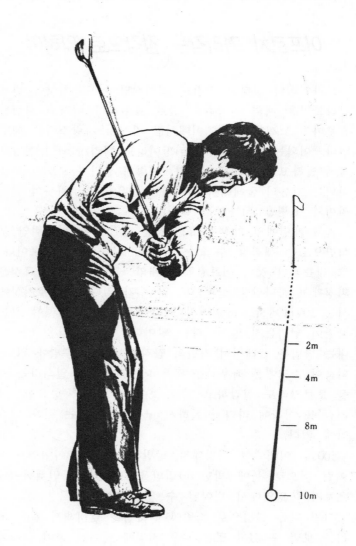

2m

4m

8m

10m

숏어프로치샷은 낙하점을 찾아내야

일반 아마추어 골퍼 중에서 스코어가 크게 무너지지 않는 계층은 숏어프로치 때 범실을 범하지 않는 플레이어들이다.

정상을 달리는 유명 프로 선수들도 파(Par)를 건져내기 위해 그린 근처에서는 안간힘을 다한다. 그들의 기술은 때로는 기적 같은 타구(Miracle Shot)로 갤러리의 탄성을 불러일으키기에 충분하다.

지난 마스터스 대회의 우승자 래리 마이즈의 30 m 칩샷은 그 대표적인 예이다.

어떤 기술이나 요령으로 그런 타구가 가능한가. 의외로 간단한 원리를 알게 되면 스스로 놀라게 될 것이다. 아마추어 골퍼가 어프로치샷을 정확하게 핀에 붙일 수만 있다면 스코어가 크게 줄어들 것은 틀림없다. 정규 타수로 그린에 올릴 수 없는 애버리지 골퍼에게는 어프로치샷이 핀에 붙는 것만이 스코어를 줄이는 마지막 기회이다.

아마추어 골퍼가 숏어프로치에서 미스샷이 많은 것은 공에서 핀까지의 전체의 거리감으로 때리기 때문이며 이것이 제대로 들어맞으면 파가 되지만 틀어지면 긴 거리의 퍼팅을 남기게 된다.

숏어프로치샷 때 전체의 거리를 염두에 두고 때리면 나이스샷과 미스샷의 간격을 영영 좁힐 수 없을 것이다. 이때 중요한 것은 공을 떨어뜨리는 장소이다. 겨냥한 장소(Spot)에 공을 어김없이 떨어뜨릴 수 있을 때 어프로치샷의 1차적인 목적을 달성할 수 있다.

피치샷은 무릎을 부드럽고 연하게

공중으로 치솟은 공이 핀 옆에 사뿐히 내려앉는다. 보기만 해도 그림 같은 타구이다. 그린까지 30 m. 그린 바로 앞에 벙커가 도사리고 있는 상황에서는 공을 높이 띄워서 핀 옆에 떨어뜨리고 그린에 떨어지면 그 자리에 멎어버리는 공을 때려야 한다. 이것이 피치샷(Pitch Shot)이다.

피치샷의 첫째 조건은 공을 높이 띄우는 일이다. 이를 위해서 스탠스는 오픈으로(Open Stance), 공의 위치는 보통 때의 중앙보다 왼쪽에 놓아야 한다. 공이 왼쪽에 있을수록 높이 뜨기 때문이다. 클럽페이스는 목표선과 직각이 돼야 함은 물론이다. 때에 따라서는 클럽페이스를 젖혀서 때릴 때도 있지만 이것은 특수한 경우에 한해서이다. 일반적인 피치샷은 클럽페이스를 스퀘어로 놓아도 로프트가 공을 충분히 높이 뜨게 한다. 클럽은 물론 피칭웨지나 샌드웨지가 바람직하다.

다음은 얼마만큼 백스핀이 걸리는 공을 때릴 수 있을까 하는 문제이다. 먼저 폭을 좁히고 무릎을 자연스럽게 굽혀서 다리에 군힘이 들어가지 않도록 해야 한다. 그래야 부드럽고 연한 타구가 가능하기 때문이다. 스탠스의 폭이 넓거나 두 무릎이 퍼져 뻗어 있으면 공을 부드럽게 때릴 수 없게 된다. 목표와의 거리가 가까울수록 스윙이 빨라지기 쉽고 날아가는 공을 확인하기 위해 머리를 빨리 들어올리는 것도 주의해야 할 요건 중의 하나이다.

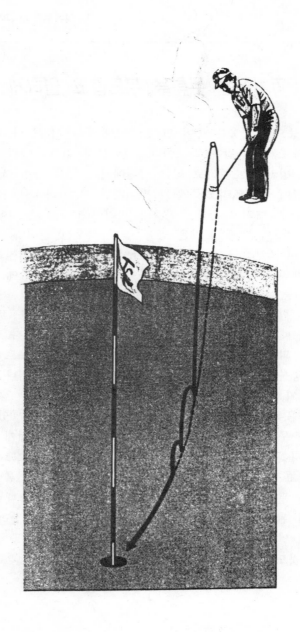

초보자는 어프로치 때 공을 굴려야

그린에 가까와질수록 골프는 어려워진다. 그뿐만 아니라 골프의 진짜 승부는 여기서 결정된다. 즉 그린 100 m 안에서 얼마만큼 효과적인 공략을 하느냐에 따라 스코어는 달라지게 된다. 초보자는 그린 근처에서 스코어의 낭비가 많다. 피칭웨지로 공을 높이 띄울 필요가 없는 곳에서도 으례 어프로치는 피칭웨지로 하는 것이라고 단정하는 골퍼들이 많다. 피치샷으로 공을 높이 띄우는 것보다도 쉽고 편리한 어프로치 방법이 있는 것을 모르고 있다. 공을 굴릴 수 있는 상황이라면 칩샷이 현명한 방법이다.

공을 굴려서 그린에 올리기 위해서는 몇 가지 조건이 있다. 즉 ① 공과 그린 사이에 벙커 같은 장애물이 없어야 하고, ② 전반적으로 페어웨이가 평탄해야 하며, ③ 공과 그린 사이의 잔디가 길지 않아야 한다는 것 등이다. 대체로 이상과 같은 조건에서는 적극적으로 공을 굴리는 것이 현명한 방법이며 안전도가 가장 높은 타법이다. 공을 굴릴 때 미들아이언에서 9번 아이언까지 어느 클럽을 써도 무방하나 자기가 좋아하고 자신 있는 클럽을 택하는 것이 바람직하다. 극히 상식적으로 말하면 로프트가 작은 클럽이나 클럽을 엎어 로프트를 죽여서 때리는 것이 효과가 크다.

이때 손목을 쓰면 미스샷이 된다. 그래서 되도록 손목을 쓰지 말고 팔을 중심으로 때리는 것이 칩샷의 요령이다.

칩샷은 공이 낮게 굴러가게 때려라

아무리 퍼팅의 명수라도 공에 백스핀이 걸리게 할 수는 없다. 그것은 기술이 모자라서가 아니라 퍼팅이란 백스핀을 걸 필요가 없기 때문이다(퍼터페이스에는 홈이 없어서 신기에 가까운 타법으로도 백스핀이 걸리지 않는다). 공을 굴려치는 칩샷도 퍼팅과 같은 타법으로 때리는 것이 요령이다. 다만 사용하는 클럽이 다를 뿐이다. 그것이 6번 아이언이건 7번 아이언이건 퍼팅의 요령으로 때리란 말이다. 칩샷 때 굴린다는 의식이 지나치면 실패하기 쉽다. 피치샷 때에도 공을 띄우려는 의식이 강하게 작용하면 손 끝으로 잔재주를 부리다 미스샷이 된다고 하지 않았던가. 칩샷도 굴린다는 생각이 앞서면 거리 방향을 맞추기가 어려워진다.

칩샷은 어떤 클럽을 잡든간에 짧게 잡고 공 가까이 서서 긴 거리의 퍼팅을 한다는 느낌을 살려야 한다. 그런 가까이에서 공을 굴리는 것은 지극히 성공률이 높은 전술이고 전략이다. 초보자라도 핀 근처까지는 쉽게 보낼 수가 있기 때문이다. 이때 손목을 쓰게 되면 아무리 작은 스윙에서도 스윙의 기본인 삼각형은 쉽게 무너지고 만다. 칩샷의 요령은 어떤 경우에도 공 앞(왼쪽)을 때린다는 느낌이 필요하다. 그래야 공은 낮게 굴러가기 때문이다. 공이 낮게 굴러가도록 때리기 위해서는 공 뒷면에 꽂혀 있는 압침을 때린다고 생각해도 좋다. 이것은 공 중심을 때리기 위해서이다. 손목을 쓰지 않는 타법……이것이 칩샷의 기본이다.

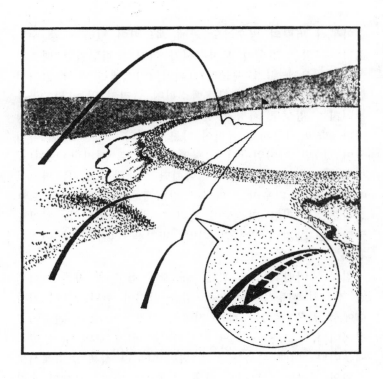

어프로치는 퍼터의 기본인 굴려치기로

누구나 골프채를 처음 잡게 되는 초보자 시절에는 슬라이스 또는 혹에 시달리고 뒤땅을 치거나 공머리를 때리는 그야말로 칠전팔기의 시간이 되풀이된다. 그러나 어프로치샷만큼은 초보자라도 쉽게 익힐 수 있는 것이 골프이다. 그것은 퍼터의 원리를 살려 간단하게 공을 굴릴 수 있다는 이유에서이다. 어프로치샷을 효과 있게 할 수 있는 요령은 ① 상황에 따라 어떻게 때려야 할지를 확실하게 정하고, ② 피치샷보다는 칩샷을, 칩샷보다는 퍼터의 대원칙을 고수하는 것이다. 이 두 가지 요령을 지킬 때 스코어는 크게 무너지지 않을 것이다.

라이(공이 놓여 있는 상태), 핀까지의 거리, 페어웨이나 그린의 경사도……등 이런 모든 상황을 살펴보고 어떤 종류의 타구가 적합한가를 확실하게 정해야 한다.

공을 띄우려면 손목을 써서 클럽페이스를 공 밑으로 박아넣는 피치샷, 굴릴 때에는 손목을 쓰지 않고 공만을 때려 주는 칩샷, 상황에 따라 띄우거나 굴리는 것 둘 중의 하나이다. 굴릴 수만 있으면 굴리는 것이 최선의 방법이다. 이처럼 그린 근처에서의 어프로치샷을 굴리는 것을 우선하는 이유는 타법이 간단하고 큰 실수가 없으며 퍼팅라인을 미리 알 수가 있기 때문이다. 띄우는 공일수록 어려움이 따른다. 클럽페이스가 정확하게 공 밑으로 들어가지 않으면 공은 뜨지 않는다. 조금이라도 오차가 생기면 뒤땅 아니면 토핑이다. 그러나 퍼터로 굴릴 때에는 초보자라도 이런 실수는 하지 않는다.

'한국형 윈터룰'로 즐거운 플레이를

골프 용어 중 가장 널리 쓰고 있으면서도 확실하게 알지 못하고 있는 것이 윈터룰(Winter Rules)이다. 이 윈터룰은 일반적으로 터치플레이(Touch Play)를 뜻하는 말이다. 윈터룰은 공이 놓여진 상태 그대로 플레이해야 한다는 골프의 대원칙을 정면으로 부정하는 플레이 방법이다. 그러나 우리나라는 많은 눈이 내리고 기온이 떨어져 코스는 콘크리트처럼 얼어붙는다. 더욱이 정리되지 않은 상태에서 얼어붙으면 플레이는 불가능해진다. 당연히 공을 옮겨놓고 칠 수밖에 없는 상황 속에 놓이는 것이 우리나라 골프의 실정이다. 공을 옮겨놓는 것까지는 좋으나 원칙이 없다. 다만 로컬룰이라는 미명 아래 양심이 발동하는 대로(?) 원칙 없는 플레이가 성행한다. 말하자면 노름판마다 규칙이 다른 하우스룰(House Rules) 같은 일관성 없는 터치플레이가 플레이어의 마음 속에 싹트기 시작한다. 공은 어디서나 아무렇게나 옮겨놓고 때려도 된다는…….

골프 규칙에서는 코스의 상태가 악화되어 진흙 등 특히 겨울철의 악조건 아래서는 코스의 보호 또는 유쾌하고 공평한 플레이를 위하여 로컬룰을 제정하여 구제처리할 수 있다고 명시하고 있고(부칙 I－A－14항)

페어웨이에 있는 공은 벌점 없이 움직이거나 집어올려 닦을 수 있으며 홀에 가깝지 않고 원위치에서 6인치(약 15 cm) 이내에 옮겨놓을 수 있다고 규정하고 있다(부칙 I－B－6항). 그러나 이것은 필요에 따라 로컬룰을 별도로 제정해서 시행할 수 있다는 예시 사항에 불과하다. 통일된 '윈터룰'이 없기 때문에 러프에 들어간 공은 발로 차여져 페어웨이 복판까지 나오고 언플레이어블로 처리되어야 할 상황 속에 놓인 공도 페어웨이까지 던져진다. 어느새 골프는 축구나 송구로 변해 버린다.

이른바 터치플레이를 권장하거나 강요(?)하는 타당성으로 코스 보호를 앞세우고 있지만 이것은 전혀 수긍이 가지 않는 대목이다. 공을 옮겨놓는다고 잔디가 패이지 않는 것은 아니다. 공을 마음대로 옮길 수 있다는 잘못된 관용(?)이 자칫하면 룰 부재의 골프가 되기 쉽고 이 타성이 여름철까지 이어져 부정 행위를 저지르는 원인이 되기도 한다. 공을 옮길 수 있는 상황, 지역, 범위(6인치이건 1클럽 길이이건) 등을 명시한 '한국형 윈터룰'을 제정하여 눈치보지 않고 떳떳하게 즐거운 플레이를 할 수 있는 길을 열어 주어야 할 것이다.

벙커 샷
—Sand Play—

벙커샷의 승패는 어드레스가 좌우

벙커를 마치 지옥으로 생각하는 골퍼, 우리 주변에는 이런 유형의 아마추어 골퍼가 꽤 많다. 어쩌면 나도 이들과 한 패인지도 모른다. 벙커에만 들어가면 어쩔 줄 모르는 겁장이 골퍼를 두고 하는 말이다. 굳이 융단 같은 페어웨이를 일부러 피해 가면서까지 공을 벙커 속으로 쳐넣는 어리석은 골퍼는 없다. 벙커란 잘못해서 들어가고 어쩔 수 없이 들어가는 불운한 경우에 한한다.

아무리 벙커샷의 명수라도 일부러 넣을 수야 없는 일이다. 그렇다고 벙커를 무서워만 한다면 핸디캡은 제자리에 머무르게 될 것이다.

어떤 타구도 마찬가지지만 벙커샷의 승패는 어드레스에 달려 있다. 벙커샷의 기본은 뒤땅치기 타법이고 슬라이스 타법이라고 한다. 즉 아웃사이드 인의 스윙 궤도로 깎아치는 타법이다.

골프의 모든 것은 자연스러워야 한다고 했다. 아웃사이드 인의 스윙 궤도……클럽헤드가 이 궤도로 자연스럽게 움직일 수 있도록 처음부터 자세를 그렇게 잡는 것처럼 좋은 방법은 없다. 그것이 오픈 스탠스요 오픈 페이스다. 오픈 스탠스와 오픈 페이스……즉 공과 핀을 연결하는 목표선에 대해서 오픈 스탠스로 선 다음 이에 걸맞게 클럽페이스를 젖혀서 어드레스를 한다. 이 자세만이 공을 맞히고 나서 폴로스루가 자연스럽게 이뤄져 클럽헤드가 오른쪽 무릎 쪽으로 빠져나가면서 공이 깎여 맞는 벙커샷의 기법을 최대한으로 만들어낼 수가 있는 것이다.

모래 벙커에서는 엎어서 뒤땅치기로

아무래도 모래 속에 박힌 공을 꺼내는 요령을 좀더 설명하는 것이 초보자에게는 도움이 될 것이다. 공이 모래 속에 박힌 상태는 프로 골퍼에게도 매우 어려운 라이다. 이런 상황에서는 우선 벙커에서 꺼내는 것만으로도 힘에 부친다. 보통의 익스플로전샷 때보다도 거의 전부의 체중을 왼쪽에 싣는다. 한 가지 다른 점은 클럽페이스를 엎어서 로프트를 죽여라. 그러면 어프로치샷의 굴려치기 때처럼 공은 자연히 오른쪽으로 놓이게 된다. 그렇다고 클럽페이스의 방향까지 왼쪽으로 놓으라는 것은 아니다. 클럽페이스는 어떤 타법에서도 목표선과 직각이 돼야 함은 기본 중의 기본이다. 다운스윙 때 클럽헤드를 떨어뜨리는 곳도 공 뒤 3 cm 정도의 지점이다. 백스윙은 일반 익스플로전샷 때보다 좀더 업라이트로 들어올렸다 위에서 아래로 내려찍는 것 같은 요령만 터득하면 쉽게 공을 빼낼 수가 있는 것이다. 이것을 무리하게 떠올리려고 해서는 절대로 성공할 수가 없다. 모래 속에 파묻혀 있는 공 뒤 모래를 클럽을 엎어서 단숨에 폭발시킨다는 자신을 갖자. 클럽헤드가 모래 속에 깊이 들어가는 것만큼 힘은 더 들어가게 된다. 그래서 클럽헤드가 모래 속에 박힐 때 그립이 놀지 않도록 왼쪽 그립을 세게 힘주어 잡으라고 하지 않았던가. 왼손의 끝 세 손가락을 꽉잡고 스윙도 왼팔만으로 하도록 하라. 오른팔로 때리면 아무래도 떠올려치는 타법이 되기 때문이다.

먼 거리 벙커에선 공을 직접 맞혀라

그린을 둘러싼 벙커라고 해도 코스에 따라서는 그린까지 의 거리가 제법 먼 때도 있다. 그린까지 30 m 이상이나 떨 어져 있다면 익스플로전샷으로 그린에 올릴 수는 없다. 직 접 공을 맞히는 방법이 있을 뿐이다. 그래야 성공률은 높 아진다. 말하자면 페어웨이에서의 어프로치샷과 같은 요령 이다. 먼저 정확하게 공을 직접 맞힐 수 있는 자세부터 만 들자. 즉 체중을 왼발에 싣고 스윙 중에 체중이 오른쪽으 로 쏠리지 않아야 한다.

체중이 실린 왼발을 스윙축으로 팔만을 올렸다 내리는 요령이다. 클럽페이스를 약간 엎어지게 잡으면 공은 자연 히 몸 가운데에 놓이게 된다. 이때 그립을 잡은 두 손을 왼쪽 허벅지로 놓으면 로프트는 죽으면서 클럽페이스는 엎 어지게 된다. 이런 자세는 마치 클럽페이스로 공을 위에서 덮는 것 같은 모양이 되어 뒤땅을 때릴 걱정은 안해도 된 다. 벙커라고 해서 공 뒤 모래를 때린다는 생각부터 버려 야 한다. 이런 때에는 벙커 속의 모래를 잔디라 생각하면 쉽게 공을 직접 맞힐 수도 있을 것이다.

공 왼쪽 위를 보고 때리는 것도 공을 직접 맞히는 요령 중의 하나이다. 말하자면 평범한 어프로치샷과 같다고 생 각하라.

만일 벙커를 의식한 나머지 공 오른쪽을 보고 때리면 머 리가 오른쪽으로 기울면서 떠올려치는 자세가 되어 결과적 으로는 뒤땅을 때리게 된다. 이때 사용하는 클럽은 반드시 샌드웨지가 아니라도 좋다. 다만 라이와 거리에 따라 골라 잡는 것도 숏어프로치샷과 만찬가지이다.

크로스 벙커에선 백스윙을 줄여라

백스윙을 크게 하지 않는다. 이것이 크로스 벙커에서의 기본 자세이고 성공의 첫 단계이다. 이런 때의 벙커샷은 거리보다는 공을 직접 맞히는 정확성이 요구되기 때문이다. 그래서 백스윙이 크면 안된다는 것이다. 백스윙이 커지지 않도록 하기 위해서는 하체부터 고정시켜야 한다. 왼발에 놓은 체중을 그대로 유지한 채 클럽헤드를 목표선을 따라 똑바로 들어올리면 된다.

이때 어느 정도 목표선 밖으로 높이 들어올린다고 생각하면 클럽헤드는 바로 올라가고 자연히 스윙은 작아지게 된다. 또 백스윙을 높게 하면 스윙 궤도가 아웃사이드 인이 되어 공도 높이 뜨게 된다. 어쨌든 백스윙 때 클럽헤드를 목표선 안쪽으로 끌면 몸을 많이 쓰게 되어 정확성이 없어진다. 이렇게 업라이트 스윙을 하고 나면 공을 직접 때린다는 것만을 생각하라. 모든 타구에 앞서 해야 할 일이지만 특히 트러블샷의 경우는 먼저 스윙 내용을 머리 속에 그려보라. 그리고 그것을 재현하면 스윙은 몰라보게 달라질 것이다.

이때 공을 띄우려는 생각을 버려야 하는 것은 너무나도 당연한 일이다. 특별한 타법을 제외하고는 공을 정확하게 맞히기만 하면 로프트가 공을 뜨게 한다는 것은 이미 알고 있는 일이 아닌가. 공을 정확하게 맞힐 수 있는 비결은 공 왼쪽을 겨냥해서 때리는 것이다. 공 왼쪽을 보고 때리면 공 뒤 모래를 건드리지 않고 공만 직접 맞힐 수가 있는 것이다.

트러블샷은 체중 이동이 작을수록 좋다

크로스 벙커에서의 타구가 미스샷이 되는 것은 대개 하반신을 너무 많이 쓰기 때문이다. 즉 무릎을 많이 쓰면 몸이 흔들려서 클럽 페이스가 제자리에 들어가지 못해 뒤땅 아니면 공머리를 때리게 된다. 하반신은 어드레스 때 왼발에 체중을 놓은 상태를 그대로 유지해야 한다. 즉 스윙 중에 무릎을 쓴다는 생각은 할 필요가 없다는 말이다. 체중이 실려 있는 왼발을 스윙축으로 생각하고 팔만으로 클럽을 들었다 내린다고 생각하라. 다운스윙 때 왼발이 밖으로 따라나가면 미스샷을 피할 길이 없기 때문이다.

그래도 뒤땅을 때리거나 토핑이 되면 왼팔만으로 클럽을 끌어내린다고 생각해 보라. 이것은 오른팔로 공을 때리기 때문에 왼팔이 굽거나 오른쪽 어깨가 떨어져서 일어나는 미스샷이다.

클럽은 어드레스 때의 위치로 돌아와서 공을 맞혀야 공을 정확하게 맞힐 수가 있는 것이다. 그렇기 때문에 다운스윙은 왼팔이 주도해야 한다고 하는 것이다.

또 한 가지 스윙 중에 몸이 좌우로 많이 움직이는 초보자들을 보게 되는데 이것은 하반신이 흔들리기 때문이다. 이를 막기 위해서는 어드레스 때 오른쪽 무릎을 안으로 접어넣고 오른발 안쪽으로 힘껏 밟아주라. 그러면 백스윙 때 몸이 오른쪽으로 달아나는 것을 막을 수가 있을 것이다. 아무리 라이가 좋아도 크로스 벙커가 페어웨이와 같을 수는 없다. 모든 트러블샷은 체중 이동도 스윙도 작을수록 좋다. 그래서 팔만이 스윙을 기본으로 삼자는 것이다.

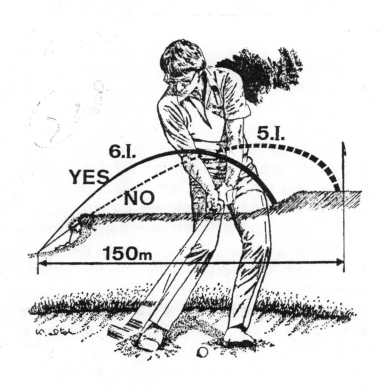

벙커턱 높이에 따라 클럽 선택하라

크로스 벙커도 해저드(장애물)의 일종이기 때문에 당연히 이에 상응하는 타수의 손실을 각오하지 않으면 안된다.

그래서 1타의 손실은 각오하고 한 방으로 꺼내는 것을 선행 조건으로 삼아야 한다. 불운하게도 공이 모래 속에 박히거나 벙커 앞턱 바로 밑이나 뒤턱 앞 왼발이 낮은 경사진 곳에 있을 때는 거리와 관계없이 로프트가 큰 숏아이언이나 피칭웨지, 때로는 샌드웨지를 잡아야 한다.

한번의 미스샷으로 족한 것을 두세번의 미스샷으로 이어지게 해서는 안된다는 말이다. 다행히 라이가 좋고 앞턱도 비교적 낮을 때 한해서 긴 클럽을 쓸 수가 있다. 이때의 클럽 선택의 기준은 벙커턱의 높이와 비례한다. 그린까지의 거리를 기준으로 클럽을 선택하면 제아무리 좋은 타구를 해도 언덕에 걸려 벙커 탈출에 실패한 경험을 얼마나 많이 했던가. 그래서 공의 라이, 벙커턱의 높이, 공에서 벙커턱까지의 거리 등을 고려해서 클럽 선택을 하는 것이 현명한 일이다.

또한 아무리 조건이 좋은 경우도 크로스 벙커에서는 5번 아이언보다 긴 클럽을 쓰지 않는 것이 아마추어 골퍼가 지켜야 할 철칙이다. 프로 골퍼도 크로스 벙커에서 로프트가 적고 긴 클럽을 사용하는 것은 상당한 위험성이 뒤따른다. 그래서 좀더 안전한 방법은 자기가 판단한 것보다 다시 한 클럽을 짧게 잡는 것이다.

특히 초보자들은 자기 자신에게 유리한 판단을 하기 쉽지만 이때만큼은 자제하고 짧은 클럽을 잡도록 하자. 그래서 벙커샷의 악몽에서 헤어나자.

핀에 붙이기 쉬운 곳을 목표로 하라

크로스 벙커뿐만 아니라 러프나 숲속에서 공을 때릴 때 첫째 목표는 그 장애물 속에서 빠져나오는 것이다. 그린에 올린다거나 그린 가까이 붙이는 것은 희망 사항일 뿐 결코 실효성은 적은 것이다. 이렇듯 해저드에서 직접 그린에 올릴 수 있는 확률은 아주 낮은 것이다. 온그린은 고사하고 그린 근처까지만이라도……하는 생각도 옳은 생각이 아니다.

골프는 연속적인 타구로 이어지는 경기이다. 1타1타를 연결시켜서 결과적으로 스코어를 만들어낸다. 그렇게 생각해 보면 골프란 다음 타구를 하기 쉬운 지점, 즉 핀에 붙이기 쉬운 곳을 찾아내서 그곳을 목표로 때리는 것이 틀림없는 코스 공략의 적절한 방법이다. 골프 게임이란 덮어놓고 핀만을 겨냥해서 때린다고 스코어가 좋아지는 것은 물론 아니다. 벙커나 연못을 피해서 페어웨이의 좋은 지점을 찾아낼 수 있어야 하고 핀의 위치나 그린 상태를 감안해서 때로는 핀과는 정반대의 방향으로 공을 꺼내야 하는 경우에는 과감하게 이를 실천하는 용기가 있어야 한다. 이것이 플레이어의 현명한 방법이다. 항상 후회가 뒤따르는 스코어는 바로 플레이어 자신이 만들어내기 때문이다. 그렇게 함으로써 다음 타구로 핀에 붙일 수 있고 그 다음은 퍼팅을 성공시켜 스코어를 줄이는 확률이 높다고 판단하기 때문이다.

벙커에서는 클럽을 짧게 잡아라

벙커샷은 다음 몇 가지 사항만을 주의하면 어느 정도 미스샷을 방지할 수 있을 것이다.

즉 ① 두 발을 모래 속에 고정시켜라. 이것은 스탠스가 불안정한 상태에서 정확하게 클럽을 컨트롤한다는 것은 불가능한 일이기 때문이다. ② 어떤 상황에서도 벙커에서는 클럽을 짧게 잡아야 한다. 그립 끝까지 길게 잡는다고 거리가 더 나는 것도 아니다. 더욱이 두 발이 모래 속에 파묻힌 것만큼 공은 몸가까이 있게 되어 간결한 스윙으로 보다 정확하게 공을 맞히기 위해서이다. ③ 체중을 왼발에 놓아야 한다. 이것은 클럽페이스가 지나치게 공에서 동떨어진 지점에 들어가면서 뒤땅을 때리는 것을 막을 수 있기 때문이다. 왼발을 스윙축으로 클럽을 휘두르는 것이라고 생각하면 쉽게 이해가 될 것이다. 그러나 초보자들은 공을 높이 띄워야 한다는 생각 때문에 오히려 오른발에 체중을 놓는 경향이 있다. 그래서 뒤땅을 치거나 아니면 공머리를 때리게 된다. 공을 띄우려면 위에서 아래로 내리찍는 스윙……이것이 골프 스윙의 기본이다. ④ 공을 스탠스 중간에 놓는다. 이것도 공을 정확하게 맞히기 위한 방법에서이다. 다만 이때 주의할 것은 그립을 잡은 두 손이 너무 왼쪽으로 치우치면 자연히 로프트가 죽어서 탄도는 낮아지고 의도한 만큼 공은 뜨지 않는다는 사실이다. 그러면 벙커 턱에 걸릴 위험성도 높아지게 될 것이다.

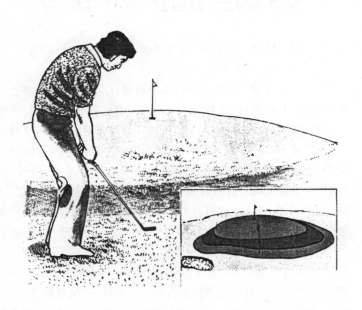

벙커에서 퍼터를 쓰는 경우도 있다

그린 옆 벙커에 공이 빠졌을 때 무턱대고 샌드웨지로 익스플로전샷만 고집한다면 별로 기술이 뛰어난 골퍼라고 할 수는 없을 것이다. 골프백 속에는 14개의 클럽이 들어 있어 상황에 따라 이것들을 유효적절하게 활용해야 좋은 스코어를 만들어낼 수가 있는 것이다. 예를 들면 벙커에서 퍼터를 쓰는 경우이다. 이것은 실전에서도 흔히 있는 일이고 프로보다는 아마추어 골퍼에게 비장의 무기(?)일 수도 있는 것이다. 벙커에서 퍼터를 사용하면 뒤땅을 때려 푹석거리거나 공머리를 때려 홈런이 되는 일은 일어나지 않기 때문이다. 퍼터는 확실하게 공을 맞히기가 비교적 간단하고 쉽다.

그렇다고 해서 언제나 퍼터로 벙커샷을 할 수 있는 것은 아니다. 퍼터를 쓸 만한 상황인가 아닌가를 판단해야 함은 물론이다. 앞턱이 높지는 않은지……또는 높지는 않아도 툭 튀어나와 있지는 않은지……벙커에서 그린 사이의 풀이 길지는 않은지……이런 저런 상황들을 살펴야 한다는 말이다. 모든 정황이 퍼터로 굴릴 수 있는 여건이라고 확인되면 남은 일은 공을 때리는 강도만을 생각하면 되는 것이다. 이때의 타법은 공을 때리고 나면 폴로스루를 위로 길게 해서 오버스핀이 걸려 공이 많이 굴러가게 하도록 해야 한다. 프로뿐만 아니라 우리나라 골프 선수 중에도 벙커에서의 퍼터 애용가가 있었으며 이를 견제(?)하기 위해 벙커 턱을 개조한 선각자가 있었음을 기억한다. 퍼터도 훌륭한 벙커샷의 도구임을 입증하는 대목이다.

벙커샷 땐 임팩트가 아니라 피니시를

벙커샷에 실패하는 원인은 힘없이 공을 쳐내거나 머리를 들기 때문이다. 초보자의 징표이기도 한 벙커샷의 헤드업은 절대 금물이다. 벙커샷은 모래 속에 클럽헤드를 박아야 하기 때문에 그만큼 충격도 커지게 된다. 그래서 힘이 빠진 타구는 성공할 수가 없는 것이다.

벙커에 들어간 공을 어정쩡한 힘으로 때리면 모래의 저항에 지고 만다. 특히 공이 모래 속에 박혀 있을 때에는 좀더 세게 때리지 않으면 안된다. 힘을 들인다고 해서 있는 힘을 다해 때리라는 말은 물론 아니다. 필요한 만큼의 힘을 끝까지 늦추지 말라는 말이다.

이때 클럽헤드만 모래 속에 박고 만다면 공을 꺼낼 수는 없을 것이다. 임팩트 후에도 클럽헤드를 던져줘야 한다.

벙커샷은 스윙 자체는 크지 않지만 작은 스윙만큼의 피니시가 따라야 한다. 처음부터 피니시를 한다는 생각으로 공을 때리면 모래 속에 들어간 클럽헤드는 쉽게 빠져나가게 될 것이다. '스윙의 목적은 임팩트가 아니라 피니시'라는 말을 기억하는 게 좋다. 벙커샷뿐만 아니라 모든 타구 때 폴로스루가 없는 것이 아마추어 골퍼의 결점이다. 즉 공을 때리고 나서 클럽을 던질 줄 모른다면 이것은 스윙이 아니다. 공을 때리고 나서 클럽을 던지는 것이 어렵겠지만……이것이 공을 제대로 치는 지름길이다.

훌륭한 골퍼는 유머 감각도 있어야

1970년대에 세계 골프계를 주름잡던 프로 골퍼 세 사람이 있다. 미국의 애널드 파머와 잭 니클로스, 그리고 남아프리카 공화국의 개리 플레이어다. 이 3거두를 일컬어 '빅스리(The Big Three)'라고 한다.

그 '빅스리'의 한 사람인 개리 플레이어가 그들의 전성기를 회상하며 감회에 젖는다. "대개의 골퍼는 바람의 방향을 확인할 때 풀을 뜯어 하늘로 날려 보내지만 파머는 자기의 가슴털을 뽑아서 바람에 날려 보곤 했단 말이야"하고 애널드 파머를 헐뜯는다. 물론 파머와 플레이어는 당대의 라이벌이면서도 형제처럼 절친한 친구 사이다. 이 말을 전해 들은 파머는 곧 반격에 나선다. "플레이어는 주머니 속에 잔돈을 넣고 다니는 일이 없어서 단돈 2~3달러의 팁을 줄 때에도 꼭 나보고 주라고 했단 말이야"하고 개리 플레이어의 친구에게 그의 수전노 같은 비밀을 털어놨다. "별로 마음에 두고 하는 말은 아니지만 어쨌든 개리 플레이어는 나한테 100달러의 빚이 있단 말이야"하고 말했다. 이 말을 들은 개리의 친구가 개리를 만나자마자 이 사실을 알려줬다. "아니! 내가 파머한테 100달러씩이나 빚이 있는 줄은 몰랐어! 당장 갚아 줘야지. 그런데 너 100달러만 꿔줄래?"하고 개리 플레이어는 친구에게 물었다. 이들의 유머 감각은 뛰어나서 역시 골프는 머리의 싸움이라는 말을 실감케 하면서도 매맞아 번 돈을 함부로 쓸 수 없다는 어느 프로 권투선수의 처절한 절규가 머리 속에서 떠나지 않는다.

겨울 골프
Play in Winter

겨울 골프의 스윙은 간결할수록 좋다

겨울 골프, 골프장이 문을 닫지 않는 한 골퍼는 너나 없이 모여든다. 페어웨이가 꽁꽁 얼어붙어도 눈이 쌓여도 골퍼에게는 계절이 없다. 사시사철 평생을 즐길 수 있는 스포츠이기 때문이다.

애호가들은 골프를 창안한 슬기로운 지혜에 새삼 고마움을 느낀다. 그렇지만 아무리 골프가 즐거워도 역시 겨울 골프는 괴롭다.

몸은 위축되어 공은 멀리 날아가지 않는다. 그러나 거리는 짧아도 페어웨이에 떨어진 공은 한없이 굴러간다. 코스 구역 밖(OB)으로 달아나기도 한다.

통 갈피를 잡을 수 없는 것이 겨울 골프이다. 플레이 자체는 즐거워도 마음 속엔 여유가 없다. 그래서 골프의 참맛을 보려면 4월까지 기다려야 한다.

이상 기온으로 봄날 같은 겨울에도 추위는 어김없이 찾아온다. 추위 때문에 평소의 리듬이 무너져 스코어가 두 자리에서 세 자리 숫자로 뛰어넘는 괴로운 경험을 해본 골퍼들이 많을 것이다.

겨울 골프는 기온뿐만 아니라 악조건의 연속이다. 추위 때문에 스코어가 나빠지는 원인의 하나는 옷을 껴입기 때문이다. 이런 때에는 평소 아무리 스윙이 좋은 사람도 몸이 돌지 않아 팔만으로 때리게 된다. 겨울 골프의 스윙은 간결(compact)할수록 좋다. 그래서 클럽을 목표 쪽으로 내던지는 스윙을 살려야 할 것이다.

겨울철엔 스코어는 생각지 말아야

추위 때문에 몸이 제대로 움직이지 않는다. 그뿐만 아니라 추위를 이기려고 많은 옷을 껴입고 나면 감각은 온데간데 없이 사라진다. 이런 때 스코어 위주의 골프를 하게 되면 요령 만능의 소극적 스윙이 되기 쉽다. 손 끝으로 살짝살짝 때리는 나쁜 버릇이 몸에 배기 시작한다. 그러다 본격적인 시즌에 접어들면 재기불능의 스윙폼으로 굳어버린다. 그래서 겨울 골프는 스코어는 생각지 말아야 한다. 가벼운 마음으로 스트레스를 해소하는 것만으로 겨울 골프의 목적은 충분할 것이다. 지금쯤 프로들은 다가올 시즌에 대비해 따뜻한 남쪽으로 전지 훈련을 떠났을 것이고 이 기간을 체력 단련의 시기로 삼을 것이다. 특히 아마추어 골퍼에게는 겨울철이야말로 잘못된 스윙이나 타법을 바로잡고 정착시키는 절호의 기회로 활용해야 할 것이다.

아무리 겨울 골프가 요령 위주의 플레이라 하더라도 정석에서 벗어난다면 요령은 고사하고 잘못된 타성이 뿌리내리게 된다. 병은 빨리 발견할수록 좋고 철저히 치료해야 한다. 장기 치료를 요하는 잘못된 스윙도 지금부터라면 시즌까지는 충분한 시간이 있는 것이다.

얼음판의 골프도, 눈 속의 플레이도 나름대로 즐거움은 있을 것이다. 그러나 이 겨울 동안 연습장의 단골 손님이 되어 보다 즐거운 내일의 골프를 위해 재수 3수에 도전하는 용기와 인내도 필요할 것이다.

겨울철엔 페어웨이우드를 써라

잔디가 말라붙거나 얼어붙은 겨울철에는 롱아이언보다는 페어웨이우드를 많이 쓰는 것이 현명한 일이다. 겨울에는 공이 잔디 위에 떠 있는 여름처럼 공이 잔디 위에 올라 앉아 있는 일은 거의 없다. 그만큼 공의 라이는 나쁠 수밖에 없는 것이 겨울 코스의 특징이다. 더욱이 밑은 콘크리트처럼 딱딱해서 로프트가 작은 롱아이언을 사용하기에는 부적당한 계절이다. 아마도 일반 골퍼에게는 3~4번 아이언조차 제대로 쓸 수 없는 악조건이 연속되는 것이 겨울 골프이다.

이런 때 페어웨이우드란 참으로 고마운 클럽이 아닐 수 없다. 클럽헤드의 밑바닥(솔)이 넓기 때문에 어느 정도 라이가 나빠도 큰 저항 없이 공을 띄워주기 때문이다. 겨울철에는 페어웨이보다는 긴 풀이 남아 있는 러프가 오히려 공치기가 편한 때가 많다. 이런 러프에서도 충분히 활용할 수 있는 것이 우드클럽이다. 파5의 홀에서는 말할 것도 없고 웬만한 거리의 파4인 홀의 제2타도 4~5번 우드가 얼마나 유효한 클럽인가는 경험을 통해 잘 알고 있을 것이다. 아마추어 골퍼에게 적극적으로 권하고 싶은 겨울 골프에는 다시 없는 클럽이다.

3~4번 아이언 거리에서는 서슴지 말고 4~5번 우드를 짧게 잡고 때려라. 아무래도 무리한 롱아이언보다는 4~5번 우드가 부담없이 가볍게 휘두를 수 있어 거리도 제 거리를 다 낼 수 있다는 이점이 있기 때문이다.

겨울철 어프로치샷은 굴려치기로

겨울은 잔디가 말라붙어서 공은 맨땅 위에 놓이게 된다. 여느 때 같으면 잔디 위에 떠 있을 공이 땅 위에 바싹 달라붙게 된다는 말이다. 우리나라 겨울철의 페어웨이는 이런 현상이 매우 심하게 나타나서 페어웨이는 딱딱하다 못해 얼어붙을 때도 많다. 이런 특수 상황에서 어프로치샷 때 공을 띄워 때리면 여간 정확하지 않고서는 비참한 결과만을 낳을 뿐이다. 얼어붙은 페어웨이 위에 놓인 공 밑으로 클럽헤드를 정확하게 박아 넣는다는 것은 상상조차 못할 일이다. 기술이 뛰어난 프로 골퍼라면 한 치의 오차도 없이 정확하게 공을 맞힐 수가 있겠지만 일반 골퍼에게는 어림도 없는 노릇이다. 아마추어 골퍼의 겨울 골프는 굴리는 타법이 가장 현명하고 효과적인 코스 공략의 무기이다. 이를 위해 로프트가 적은 클럽을 써야 함은 당연하다 하겠다. 피칭웨지로 공을 멎게 하기에는 그린 상태가 너무나도 나쁘다. 어차피 멎게 할 수 없는 공이라면 무리하게 백스핀이 걸릴 것이라고 착각하는 만용은 부리지 말라. 거리와 관계없이 그린을 노리는 어프로치샷은 굴려치기만이 겨울 골프에서 살아남는 길이다.

굴려치기가 마치 기술이 없는 사람의 타법이라고 생각하기 쉬우나 얼어붙은 페어웨이에서 굴려서 거리를 맞추기란 고도의 기술 없이는 불가능한 것이다. 굴려치는 겨울 골프로 잔 기술을 연마하는 기회로 삼는다면 그런 대로 의의는 있을 것이다.

겨울철엔 굴려치기에 맞는 클럽을

겨울철의 어프로치샷은 굴려치기가 제격이다. 여름 코스처럼 잔디의 저항을 받는 일이 없기 때문에 어느 정도의 언덕이 가로 놓여 있을 때도 로프트가 적은 클럽으로 굴리면 충분히 그린까지 올라가게 된다. 겨울철은 페어웨이가 딱딱하고 잔디가 말라 있어 당연히 공이 놓여 있는 라이도 나쁘다. 더욱이 그린마저 얼어붙은 때에는 어프로치샷을 띄워 때리면 그린에 떨어진 공은 어김없이 퉁겨올라 그린 밖으로 달아난다. 결국은 굴리는 것만이 최선의 방법이며 겨울 골프의 기술이고 요령인 것이다.

특히 겨울철에는 그린 보호라는 이유 때문에 홀컵을 그린 앞쪽에 파놓을 때가 많다. 시즌에는 9번 아이언이면 충분한 거리에서도 5~6번 아이언으로 굴리는 것이 훨씬 성공률은 높아진다. 그린까지 사이에 벙커 같은 장애물이 없는 한 우선 굴리는 것을 전제 조건으로 클럽 선택을 해야 한다.

겨울철 어프로치샷을 제아무리 잘 한들 띄워치면 공을 핀에 붙일 수는 없는 것이다. 그래서 때로는 겨울 골프의 어려움을 한탄하며 체념하고 대범하게 웃어넘기기 쉬우나 골프란 언제 어디서나 놓여진 상황에 따라 이에 맞는 적절한 타법으로 대응할 줄 알아야 즐거운 것이다. 굴려치기의 요령은 퍼팅과 같은 것이어서 다운스윙 때 오른쪽 겨드랑이가 떨어지지 않도록 하는 것이 굴려치기의 기본임을 잊지 말자.

겨울철 롱퍼팅은 무릎을 활용하라

　얼어붙은 겨울 그린은 유리알처럼 빠르다. 겨울 골프는 그린에 올리기도 어렵거니와 가까스로 올려놓은 퍼팅 거리가 10 m 만 넘으면 어김없이 3퍼팅, 때로는 4퍼팅까지 …… 영원히 추억과 기록(?)에 남을 만한 결과뿐이다. 그러나 따뜻한 날도 있게 마련. 콘크리트처럼 얼어 붙었던 그린도 한낮에는 봄눈 녹듯 녹아버린다.

　이처럼 얼었다 녹은 그린은 어떤 상태일까. 철이 겨울이라 무척 빠를 것으로 생각하고 때려보면 공은 반도 가지 않는다. 그린이 얼었다 녹으면 지표가 뜨고 더욱이 늦가을에 깎고는 겨우내 깎을 수 없었던 잔디는 사정없이 밟혀 잔디 끝은 어느새 퍼머머리처럼 곱슬거린다. 속이 비어 있는 곱슬머리 그린. 이런 그린은 무거울 수밖에 없다. 마치 담요 위에서 퍼팅하는 감각처럼 말이다. 퍼팅은 몸을 고정시키고 팔만으로 때리라 했고 거리는 백스윙의 크기와 비례한다고 했다. 이것은 어디까지나 정상적인 그린에서의 원리요 요령이다. 그러나 겨울철 얼었다 녹은 그린에서의 롱퍼팅은 무릎을 쓰면 훨씬 편하고 거리 조절도 쉬워진다. 숏게임 때 무의식중에 들어가는 오른쪽 무릎을 롱퍼팅 때 활용하면 거리감을 만족하게 느낄 것이다.

　무리하게 팔만으로 때리면 필요 이상으로 백스윙이 커지고 그 결과 공을 정면(직각)으로 맞힐 수 없게 된다. 이때 무릎을 쓰면 작은 백스윙으로도 충분한 거리를 얻을 수가 있을 것이다.

겨울철엔 아웃사이드 인 타법이 좋다

추위 때문에 몸이 굳어 있으면 감각적인 스윙은 어려워지고 다운스윙 때 몸이 돌아가지 않아 폴로스루가 없는 스윙이 되기 쉽다.

이 결함을 보완해 주는 것이 오픈 스탠스라고 했다. 스탠스뿐만 아니라 공을 좀더 왼쪽으로 놓으면 뜨는 공을 때릴 수가 있는 것이다. 그것은 클럽헤드가 올라가다 말기 때문에(어퍼블로) 공은 여름처럼 높이 뜨게 되고 어느 정도까지는 충분한 거리를 얻을 수 있다는 원리에서이다. 그렇지만 오픈 스탠스는 백스윙 때 몸이 제대로 돌지 않아 스윙이 작아지는 결점도 있는 것이다. 스퀘어스탠스 때와 마찬가지 스윙을 하게 되면 몸은 돌아가지 않는다. 그러나 정상 타법과 달리 목표선 밖으로 들어올리면 걱정보다는 훨씬 편하게 백스윙을 할 수 있다.

클럽헤드를 목표선 밖으로 크게 들어올리면 다운스윙 때 몸은 쉽게 돌아가 클럽을 마음 놓고 던질 수 있을 것이다. 말하자면 아웃사이드 인의 페이드볼(fade ball)의 타법을 익히자는 말이다. 공이 오른쪽으로 휘는 정도를 감안해서 목표보다 약간 왼쪽을 바라보고 서게 되면 방향 조절에도 큰 어려움은 없을 것이다.

이 타법(아웃사이드 인)은 공을 높이 띄울 수 있는 강점이 있는 것이다. 공을 띄우기 어려운 겨울 골프에서 오픈 스탠스를 기본으로 한 아웃사이드 인의 타법은 스윙을 부드럽게 할 뿐만 아니라 탄도가 높아 페어웨이에 떨어진 공은 러프 속으로 달아나는 일도 없을 것이다.

겨울엔 롱아이언보다 우드를 써라

겨울 골프의 어려움은 공이 뜨지 않는 데서도 찾아볼 수 있다. 잔디가 말라붙은 페어웨이에 있는 공도 가라앉아 있게 마련이다. 그러니 라이는 나쁠 수밖에 없다. 티 위에 공을 올려놓고 때리지 않는 한 공을 띄우기도 거리를 내기도 어려워진다. 당연히 우드 3번이나 롱아이언보다는 로프트가 큰 5번 우드 같은 클럽을 쓰면 겨울 골프라고 피로움만 있는 것은 아니다. 겨울 골프는 껴입은 옷 때문에 스윙이 작아지고 기온이 내려가면 공 자체의 탄력도 줄어든다. 그래서 거리가 짧아지는 것은 당연한 일이다(땅이 얼어붙은 경우를 제외하고는). 평상시보다 짧아지는 거리 때문에 클럽 선택에도 어려움이 따른다. 이에 맞추기 위해서는 같은 거리에서도 시즌 때보다 1~2클럽 정도 크게 잡아야 한다.

우드 5번을 예로 들면 여름보다는 15~20 m 정도는 짧아질 것이다. 그것은 공이 가라앉아 있어 탄도가 낮기 때문이다(가장 이상적인 탄도는 35도라고 한다). 이처럼 여름을 기준으로 겨울 골프를 하게 되면 항상 거리가 짧은 것은 누구나 경험했을 것이다. 가령 아이언 4번의 거리가 우드 5번의 거리와 같은 사람도 겨울철에는 롱아이언을 버리고 우드를 애용하면 스윙도 편하고 거리에 대한 심리적 부담도 없어져 성공률은 높아진다. 다만 이때 주의해야 할 것은 클럽을 2~3 cm 정도 과감하게 짧게 잡아야 하는 것이다. 짧게 잡는 것만이 겨울 골프의 요령인 것이다.

후   기

골프의 기술이 하루 아침에 이루어지는 것은 아니다. 그렇다고 아무리 노력해도 효과가 없을 정도로 어려운 것도 아니다.

하나의 타구를 위한 골프 이론은 수없이 많다. 그것은 마치 산에 오르는 길이 여러 갈래이듯, 모든 길이 로마로 통하듯, 어떤 타법으로든지 공은 반드시 홀컵 속으로 들어가게 마련이다. 다만 어느 길이 내가 오르기에 편리한 길이고 어떻게 하면 타수를 줄일 수 있느냐가 문제일 뿐이다.

골프란 아주 작은 요령 하나만이라도 내 것으로 만들면 몰라 보게 달라진다. 때로는 연습하는 과정에서 스스로 눈을 뜨게 되는 경우도 있을 것이고, 때로는 유명 프로 골퍼의 이론이나 지도로 효과적인 타법을 배울 수도 있을 것이다. 그러나 그 이론을 이해하고 그 지도를 '내 것'으로 받아들이기에는 우리의 힘이 이에 미치지 못한다.

그래서 어떻게 하면 '콜롬부스의 달걀' 같은 이론이나 요령을 이해하기 쉽게 알려서 초보자에게는 100의 벽을 깨는 요령과 지혜를, 중견 골퍼에게는 90의 험난한 길을 헤쳐나갈 용기와 슬기를, 80의 준령을 넘어 70의 정상에 도전하는 골퍼에게는 이에 상응하는 기술과 방법을 널리 알리고자 노력하고 있다.

　나에게 골프 인생의 바른 길을 열어주고 오늘이 있기까
지에는 우리나라 골프계에서 입은 은혜가 말할 수 없이
크다. 그래서 '골프에서 얻은 것을 골프로 돌려 주어야
한다'는 책임감을 느껴 빚을 갚는 심정으로 연재를 계속
하고 있으며, 이 뜻을 펴기에 온갖 힘을 쏟고 있다.

　더우기 이번 연재를 계획해 주고 모자라는 지식을 보태
주고 있는「스포츠 서울」편집국 여러분의 각별한 배려
와 100만「스포츠 서울」독자들의 격려와 성원에 깊은 감
사를 드린다.

　여기에 수록한 몇 줄의 글이 여러분이 걸어가는 골프
인생에 조금이나마 이정표가 된다면 더 없는 기쁨이고 영
광이겠다.

　모든 골퍼가 홀인원의 꿈을 키울 수 있는 계기가 되기를
바라면서……

우 승 섭

우승섭골프특강 ② 값 15,000원

2000년 3월 중판인쇄
2000년 3월 중판발행

저 자   우   승   섭
발행자   박   명   호

발행소   **명   지   사**

서울특별시 동대문구 용두동 39-802
등   록 : 1978. 6. 8. 제 5-28호
전   화 : 967 - 1253 · 961 - 6686
사 서 함 : 서울청량우체국사서함 제154호
대체구좌 : 010983 - 31 - 1742329

ISBN 89-7125-098-4 03690   ＊무단복제 불허